BIBLIOTHÈQUE MORALE

DE

LA JEUNESSE

PUBLIÉE

AVEC APPROBATION

Mégard & Cie — deux sièges de Calais.

Mariage d'Isabelle fille du roi Jean
avec Jean Galéas Visconti.

LES

DEUX SIÉGES

DE CALAIS

HISTOIRE DE LA RIVALITÉ DE LA FRANCE ET DE L'ANGLETERRE AU MOYEN AGE

PAR C. BARBIER

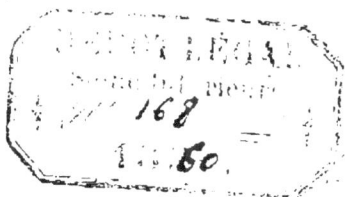

ROUEN

MAISON MÉGARD ET Cie, ÉDITEURS

E. VIMONT, EX-ASSOCIÉ, SUCCESSEUR

1860

Les Ouvrages composant **la Bibliothèque morale de la Jeunesse** ont été revus et **ADMIS** par un Comité d'Ecclésiastiques nommé par MONSEIGNEUR L'ARCHEVÊQUE DE ROUEN.

—

L'Ouvrage ayant pour titre : **Les Deux Siéges de Calais,** a été lu et admis.

Le Président du Comité

Picard

Archip. de la Métrop.

Avis des Éditeurs.

Les Éditeurs de la **Bibliothèque morale de la Jeunesse** ont pris tout à fait au sérieux le titre qu'ils ont choisi pour le donner à cette collection de bons livres. Ils regardent comme une obligation rigoureuse de ne rien négliger pour le justifier dans toute sa signification et toute son étendue.

Aucun livre ne sortira de leurs presses, pour entrer dans cette collection, qu'il n'ait été au préalable lu et examiné attentivement, non-seulement par les Éditeurs, mais encore par les personnes les plus compétentes et les plus éclairées. Pour cet examen, ils auront recours particulièrement à des Ecclésiastiques. C'est à eux, avant tout, qu'est confié le salut de l'Enfance, et, plus que qui que ce soit, ils sont capables de découvrir ce qui, le moins du monde, pourrait offrir quelque danger dans les publications destinées spécialement à la Jeunesse chrétienne.

Aussi tous les Ouvrages composant la **Bibliothèque morale de la Jeunesse** sont-ils revus et approuvés par un Comité d'Ecclésiastiques nommé à cet effet par MONSEIGNEUR L'ARCHE-VÊQUE DE ROUEN. C'est assez dire que les écoles et les familles chrétiennes trouveront dans notre collection toutes les garanties désirables et que nous ferons tout pour justifier et accroître la confiance dont elle est déjà l'objet.

PRÉFACE.

❖

Nous devons avant tout justifier notre titre auprès de nos jeunes lecteurs.

L'événement le plus important et le plus malheureux des grandes guerres qui ensanglantèrent le royaume, sous le règne des Valois, fut, sans contredit, l'établissement des Anglais en France. Ce fut sous les murs de Calais que sembla s'ouvrir et se fermer, si l'on veut bien nous pardonner cette expression, la longue chaîne de maux qui, au XIVe et au XVe siècle, accablèrent

notre patrie. Calais fut à la fois une honte
et une gloire pour la France.

Mais il est inutile d'entrer dans des con-
sidérations déjà tant de fois soulevées; les
faits d'ailleurs parleront d'eux-mêmes.

Nulle époque de notre histoire n'est
peut-être plus intéressante que cette période de rivalité et de lutte avec une nation
jalouse de notre grandeur et de notre puissance, que cette période qualifiée par nos
historiens *Guerre de Cent ans*. Si nous
y trouvons de grands malheurs, nous y
voyons aussi de grandes gloires. Au souvenir du premier siége de Calais se rat-
tache celui d'Eustache de Saint-Pierre et
de ses compères; au désastre de Poitiers,
l'admirable bonne foi de Jean le Bon; puis
viennent Charles V, du Guesclin, Jeanne
d'Arc; enfin, plus d'un siècle après, le héros
qui reprit Calais en six jours et qui chassa
à jamais les Anglais de la France, François
de Guise.

C'est dans les écrivains les plus dignes

de foi que nous avons puisé les détails que nous allons offrir à nos jeunes lecteurs : ainsi Michelet et Henri Martin, les plus distingués de nos historiens modernes; ainsi la *Chronique de Saint-Denis*, le continuateur de Nangis, et surtout l'inimitable et immortel Froissart.

Quel que soit notre titre, on nous permettra de dire, en un mot, les causes de ces luttes qui mirent le beau royaume de France à deux doigts de sa ruine, et de nommer l'Écluse et Crécy, qui furent les préludes de tous nos désastres.

DEUX SIÉGES DE CALAIS.

I.

« Avec les Valois, dit Henri Martin dans son admirable ouvrage sur l'histoire de France, s'ouvre
cette lutte implacable entre la France et l'Angleterre, dans laquelle se trempent et se caracté-
risent par leurs oppressions réciproques les
deux nations si rapprochées à leur origine, que
leurs premières guerres n'ont été que des
guerres civiles; lutte la plus terrible, la plus
cruelle à l'humanité qu'ait vue l'Europe mo-
derne; lutte bien différente pourtant des grandes
guerres de l'antiquité, en ce que ni l'un ni l'autre
des combattants n'y doit périr, et que tous deux

se retrouveront après le combat plus robustes, plus conscients d'eux-mêmes et mieux armés pour des destinées nouvelles.

« La France paiera cher, il est vrai, cette transformation; car il lui faudra passer par les angoisses de la mort pour renaître et pour vaincre. »

Charles IV n'ayant pas laissé d'enfants mâles, deux prétendants, Philippe de Valois, cousin germain du roi dans la ligne masculine, et Édouard III d'Angleterre, neveu du même prince, par sa mère Isabelle de France, se disputèrent la couronne.

Dans une assemblée des barons du royaume, il fut décidé qu'Isabelle, étant exclue par la loi salique de la couronne de France, n'avait pu transmettre à son fils un droit qu'elle n'avait pas, et Philippe fut proclamé.

Tout réussit d'abord au nouveau roi ; vainqueur à la brillante journée de Cassel, il remit les rebelles flamands sous l'autorité de leur comte. A la soumission de la Flandre succéda celle d'Édouard lui-même. Édouard vint faire hommage à la cour plénière d'Amiens, « et lors Philippe, les mains dudit roi d'Angleterre mises entre les mains dudit roi de France, baisa en la bouche Édouard, roi d'Angleterre. » Par cet acte de vassalité, l'insulaire reconnaissait Philippe pour son suzerain comme pour son roi ; mais bientôt l'ambition le rendit parjure : il avait si bien appris dans sa jeunesse à regarder le beau royaume de France comme l'héritage et le bien de sa mère.

Une circonstance à laquelle il était tout à fait

étranger vint servir les projets qu'il formait secrètement.

Robert d'Artois, descendant direct du frère de
saint Louis qui avait péri à la bataille de la Mas-
soure, avait précédemment intenté une action
judiciaire contre sa tante Mahault, comtesse
d'Artois et femme d'Othon IV, comte de Bourgogne, pour en obtenir la restitution du comté
paternel ; deux jugements avaient repoussé
ses demandes. Il crut pouvoir les renouveler
quand Philippe fut monté sur le trône. Il se tenait assuré d'une toute-puissante protection : il
était le beau-frère du nouveau roi, son premier
ministre et celui qui avait le plus grandement
contribué à sa proclamation. « L'homme du
monde qui plus aida au roi Philippe à parvenir
à la couronne, dit Froissart, ce fut messire Robert d'Artois, qui avoit pour femme la sœur dudit
roi Philippe et avoit toujours été son plus spécial
compagnon et ami. » Quelle que fût la bonne
volonté du monarque, il n'y avait pas moyen de
revenir sur deux arrêts solennels du parlement.
Pour intenter une troisième action avec quelque
change de succès, il fallait produire de nouveaux
titres ; Robert en fit fabriquer de faux. A la
même époque, Mahault mourut subitement ; sa
fille Jeanne, reine douairière de France, veuve
de Philippe le Long et héritière du comté disputé,
ne survécut que trois mois à sa mère. On ac-
cusa Robert de la mort des deux princesses.

En même temps, la reine, sœur du comte de
Bourgogne, faisait tant d'instances auprès du roi,
que le roi permettait de mettre à la torture les

cinquante-cinq témoins produits par Robert
d'Artois. Les témoins avouèrent la fausseté des
titres, et le prince sur qui pesaient de si déshonorants soupçons fut ajourné jusqu'à trois fois
devant la cour des pairs; sur son refus de comparaître, il fut condamné au bannissement et à
la perte de tous ses biens. Robert sortit de
France et tenta de faire assassiner Philippe, la
reine et Jean, leur fils aîné. Prévenu dans cet
horrible projet, il essaya d'envoûter le roi ; cette
tentative ne lui réussit pas mieux que la première; alors, le désespoir et la rage dans le cœur,
il passa en Angleterre, pour exciter Édouard à
porter les armes contre la France. Il lui répétait sans cesse que Philippe de Valois leur détenait à tous deux leur héritage : à lui Robert, l'Artois; à Édouard, la France , et que, « comme il
avoit fait Philippe roi, il le sauroit bien défaire.
Édouard ne disoit mot, mais *se pourpensoit* sans
cesse touchant ces paroles. »

Dès lors les deux monarques s'observèrent
d'un œil haineux, pour saisir un prétexte de
rupture; en même temps , ils se donnaient des
alliés. Philippe mit dans ses intérêts Jean III,
duc de Bretagne, en mariant son neveu, Charles
de Blois, à Jeanne de Penthièvre, nièce et héritière du duc ; et Édouard, « voyant bien que par
lui, ni par la puissance de son royaume, il ne
pourroit mettre dessous lui le grand royaume
de France, s'il n'acquéroit à prix d'or et d'argent
des seigneurs puissants en l'empire et ailleurs, »
s'allia, en ouvrant ses trésors, à une foule de
princes et de barons des Pays-Bas et de la basse

Allemagne, « lesquels, dit encore Froissart, sont très-bons guerroyeurs, pourvu qu'on leur donne argent à l'avenant. » Il ne fut pas besoin d'acheter le Hainaut. « Madame Philippine de Hainaut » était assise alors sur le trône d'Angleterre. En Flandre, les ambassadeurs anglais « dépensèrent si largement, qu'il sembloit qu'argent leur plût des nues. »

Mais l'argent ne suffit point pourtant pour déterminer les bonnes villes à briser entièrement avec le roi de France, ou plutôt pour les décider à abandonner le principe de neutralité qu'elles avaient voulu suivre. Édouard leur promit de les aider à recouvrer Lille, Douai et Béthune, qui étaient au pouvoir de Philippe, « si elles lui vouloient aider à maintenir sa guerre. » Après bien des hésitations et bien des délais, Jacques d'Artevelle, alors tout-puissant à Gand, répondit, au nom des Flamands: « Cher sire, vous nous avez déjà adressé semblables requestes ; sachez pour vrai que si nous y pouvions consentir en gardant notre honneur et notre fòi, nous le ferions ; mais nous avons juré par serment au roi de France, sous peine d'excommunication et de fortes amendes, de ne point émouvoir de guerre contre lui; chacun le sait, et il ne nous est pas permis d'enfreindre ce serment. Néanmoins il y aurait moyen d'arranger les choses, si vous y vouliez consentir. Ce serait de prendre le titre de roi de France et de mettre les armes de France dans votre écusson à côté des armes d'Angleterre. Alors nous vous tiendrons pour légitime roi de France, et, comme tel, nous vous donnerons quittance de notre foi ; par ainsi, nous serons absous et dispensés, et ferons tout ce que vous voudrez et ordonnerez. »

« C'étoit pesante chose au roi Édouard que de prendre les armes de France et le nom de ce dont il n'avoit encore rien conquis ; néanmoins, après s'être conseillé aux seigneurs de l'empire et à monseigneur Robert d'Artois, il ne refusa point les Flamands, qui plus lui pouvoient aider à sa besogne que tout le demeurant du siècle. »

Les bonnes villes se déclarèrent alors hautement pour celui qu'elles nommaient le légitime roi de France et abandonnèrent la cause du *roi trouvé.*

Le *roi trouvé,* c'était la qualification odieuse sous laquelle les Flamands avaient désigné Philippe de Valois dès avant la fameuse bataille de Cassel. On sait qu'ils avaient planté en avant de leur camp, à Cassel, un grand coq de toile peinte sur lequel ils avaient écrit ces deux mauvais vers :

> Quand ce coq ici chantera,
> Le roi *trouvé* ci entrera.

« Ils se moquoient ainsi du roi, l'appelant le roi trouvé pour ce qu'il n'étoit point, à leur dire, le droit héritier du trône. »

Édouard, ayant pris définitivement le titre et les armes de roi de France, publia un manifeste dans lequel il engageait tous les Français à suivre l'exemple des Flamands et à le reconnaître pour leur souverain seigneur et maître. Il ajoutait :

« Nous sommes en ferme propos d'agir gracieusement et débonnairement avec tous ceux qui viendront à nous pour accomplir leur devoir. Notre intention n'est pas de vouloir enlever vos priviléges et juridictions ; nous voulons, au contraire, faire droit à tout le monde et rétablir les bonnes lois et coutumes qui existaient au temps de notre prédécesseur et aïeul, le roi saint Louis. »

Au début de la guerre, Philippe de Valois eut quelques succès en Artois, en Picardie et en Guyenne.

L'année suivante (1340), Édouard s'embarqua le 22 juin, cinglant de la Tamise vers l'Écluse.

Alors eut lieu le combat de l'Écluse.

Nous empruntons à M. Henri Martin le récit de cet horrible désastre :

« La flotte française, forte de cent quarante grosses nefs, « sans les moindres, » et chargée de plus de quarante mille hommes, l'attendait entre Blankenberghe et l'Écluse. Cette armée navale, sous les ordres de l'amiral Hugues Quiéret, du trésorier Nicolas Béhuchet et du corsaire ligurien Barbavaire, avait, depuis deux ans, fait un mal immense au commerce anglais, prenant les bâtiments, massacrant les équipages, opérant des descentes à Plymouth, à Douvres, à Southampton, à Sandwich, à Rye. L'Angleterre ne respirait que vengeance. Elle ne l'eût point obtenue, si la flotte française eût été bien commandée. La flotte française, grâce à ses auxiliaires de Gênes, avait une grande supériorité numérique; mais ses trois chefs ne s'entendaient pas : Béhuchet, gros

bourgeois qui avait fait son apprentissage de
marin dans les finances du roi et que Philippe
avait eu l'absurdité d'associer aux amiraux, voulait en remontrer au vieil écumeur de mer
Barbavaire. Hugues Quiéret, l'amiral en titre,
n'était guère plus habile que Béhuchet. Ils entas-
sèrent la flotte dans une anse étroite de la côte
de Flandre, comme si laquestion, pour une armée
de mer, n'eût été que de choisir un poste « sûr
« et bien défendable. Le roi Édouard et les siens,
« qui s'en venoient cinglant, regardèrent et virent
« devant l'Ecluse si grande quantité de vaisseaux,
« que de mâts ce sembloit droitement un bois. Le
« roi en fut fortement émerveillé et demanda
« quelles gens ce pouvoit être. — Sire, lui dit-on,
« c'est l'armée des Normands que le roi de France
« tient sur mer et qui vous a fait moult de dom-
« mage et ars (brûlé) la bonne ville de Hantoune
« (Southampton) et conquis *Christophe*, votre
« grand vaisseau, et occis ceux qui le gardoient.
« — Oh ! fit le roi, j'ai de longtemps désiré que je
« les pusse combattre. Nous les combattrons, s'il
« plaît à Dieu et à saint Georges ; car vraiment ils
« m'ont fait tant de contrariétés, que j'en veux
« prendre vengeance. » Après quoi, il disposa sagement et habilement ses navires, mettant les
plus forts devant et ordonnant à l'avantage ses
gens d'armes et ses archers. Et il manœuvra et
« tournoya » pour avoir le vent et le soleil en
poupe. Les Normands croyaient qu'il virait de
bord pour s'enfuir ; mais le chef des auxiliaires
génois ne s'y trompa point.

« Quand Barbavaire vit approcher les nefs

anglaises, il dit à l'amiral et à Nicolas Béhuchet :
— Seigneurs, voici le roi d'Angleterre à *toute
sa navie* qui vient sur nous. Si vous voulez
croire mon conseil, vous vous tirerez en haute
mer; car, si vous demeurez ici, tandis qu'ils ont
pour eux le soleil, le vent et le flot de l'eau, ils
vous tiendront si court, que vous ne vous pourrez
aider ni manœuvrer. A quoi répondit Nicolas
Béhuchet, qui mieux se savait mêler d'un compte
à faire que de guerroyer en mer : — Pendu soit-il
qui se départira ; car ici nous attendrons et pren-
drons notre aventure. — Seigneur, repartit Barbavaire, puisque vous ne m'en voulez croire, je
ne me veux mie perdre et me mettrai avec mes
galères hors de ce trou.

« Et il sortit du havre avec toutes ses galères
d'Italie, et ne s'occupa plus que de son escadre.

« Édouard attaqua aussitôt et commença par
reprendre à l'abordage le grand vaisseau *Christophe*, que les Normands lui avaient enlevé l'an
passé. L'équipage fut pris, tué ou jeté à la mer,
et le combat s'engagea dans toute la largeur du
havre. « La bataille fut dure et forte des deux
« côtés, et archers et arbalétriers de tirer roide-
« ment les uns contre les autres, et gens d'armes
« d'approcher et de combattre main à main
« âprement, et, pour mieux lutter de plain-pied,
« ils avoient grands crocs tenant à chaînes de
« fer et les jetoient d'une nef à l'autre et les atta-
« choient ensemble. » On se battit, depuis six
heures du matin jusqu'à trois heures de l'après-
midi, avec un extrême acharnement. Béhuchet
lui-même se comporta comme un vrai chevalier ;

mais tout le courage du monde ne pouvait réparer sa faute. « Les nefs françoises étoient si en-
« tassées dedans leur encrage, qu'elles ne se pou-
« voient aider. » Leur nombre ne leur servait de
rien ; les Anglais les abordaient les unes après
les autres. La résistance néanmoins était si fu-
rieuse, que le sort de la journée eût pu changer
encore avec l'assistance de Barbavaire, qui ma-
nœuvrait sur les flancs des Anglais. Un renfort
considérable de Flamands, arrivés de Bruges et
des pays voisins par le port de l'Écluse, décida
la perte de la flotte française. « Bref, le roi
« Édouard et les siens gagnèrent la place et
« l'eau ; et furent les Normands et tous les autres
« François déconfits, morts et noyés, et onc
« n'en échappèrent, car ils ne se pouvoient ré-
« fugier à terre, pour les Flamands qui les atten-
« doient sur la plage. » Les Anglais ne faisaient
presque aucun quartier. Hugues Quiéret fut, dit-
on, égorgé de sang-froid, après s'être rendu ;
Béhuchet fut pendu au mât de son vaisseau « par
« dépit du roi de France. » Barbavaire parvint à
opérer sa retraite et à prendre le large avec ses
quarante galères génoises ; mais les Français
furent exterminés. On prétend que leur perte
monta jusqu'à trente mille hommes. Les Anglais
avaient acheté cher la victoire ; mais elle était
complète. La marine française était anéantie
(24 juin 1340). »

Édouard s'embarqua le lendemain et se rendit
à Gand.

De là, il se porta sur Tournai, dont il entreprit le siége, de concert avec les Flamands, à

qui il avait promis la possession de cette ville.

Ce fut de son camp, devant Tournai, qu'il envoya ce singulier cartel au roi de France :

« De par Édouard, roi de France et d'Angleterre, seigneur d'Irlande : Philippe de Valois, dès longtemps nous avons poursuivi par des messages et en plusieurs autres manières, afin que vous nous fissiez raison et que vous nous rendissiez notre droit héritage du royaume de France ; mais, puisque vous entendez persévérer en votre injurieuse détenue, comme un si grand nombre de gens, de notre part et de la vôtre, ne se peuvent tenir longtemps ensemble sans faire grand mal et destruction au peuple et au pays, nous vous proposons que ce débat soit vidé entre nous deux par bataille de nos corps, ou, si vous le voulez ainsi, qu'il y ait bataille entre cent chevaliers des deux parts, desquels nous serons, au premier jour, en la cité de Tournai. »

« Philippe déclara qu'il n'avait point de réponse à faire à des lettres qui ne lui étaient point adressées, attendu qu'il était le roi Philippe de France, et non point Philippe de Valois ; qu'au reste, il chasserait de son royaume, quand bon lui semblerait, et sans prendre jour de personne, l'étranger qui l'insultait. »

Le roi de France vint camper avec son armée à trois lieues de Tournai ; mais Tournai se défendait si vigoureusement, que Philippe ne crut pas nécessaire de hasarder une affaire générale pour la secourir. Les Anglais et leurs alliés s'épuisaient devant la place.

Les affaires d'Édouard n'allaient point mieux

en Artois, en Guyenne ni en Écosse; l'Angleterre murmurait et se refusait à de nouveaux sacrifices. Édouard prêta alors l'oreille aux prières de Jeanne de Valois, comtesse douairière de Hainaut, sœur du roi de France et belle-mère du roi d'Angleterre, « laquelle se travailloit fortement afin que paix et répit fussent entre les deux parties. Tant fit la bonne dame Jehanne, que les deux rois envoyèrent chacun quatre plénipotentiaires en un lieu dit la Chapelle d'Espléchin. » On convint d'une trêve de six mois.

Ainsi se termina la campagne de 1340, « année de misère et de calamités, » dit le continuateur de Nangis.

La trêve fut prorogée jusqu'à la Saint-Jean-Baptiste 1342. On espérait dans les deux pays qu'elle se convertirait en paix définitive, puisque Édouard n'avait pu encore conquérir un pouce de terrain de *son royaume de France*, quand une guerre de succession princière vint « fournir de nouveaux aliments à la guerre de la succession royale » et rendre l'espérance au roi d'Angleterre.

Jean III, duc de Bretagne, mourut sans enfants en 1341. Jean de Bretagne, comte de Montfort, son frère consanguin, et Jeanne de Penthièvre, fille d'un frère germain du dernier duc, prétendirent à sa succession. Jean III avait toujours traité Jeanne comme son héritière, et Philippe VI, pour que « la duché » passât « entre des mains fidèles, » avait donné pour époux à la jeune fille l'un de ses neveux, Charles de Blois.

Le comte de Montfort n'attendit pas le jugement de la cour des pairs pour se mettre en possession ; il savait bien que la cour donnerait gain de cause au neveu du roi. Il parcourut la Bretagne avec « sa comtesse, pour conquerre tout le pays par force ou par amour. » La noblesse se déclara pour Charles de Blois ; le clergé et le peuple reconnurent Montfort. Jeanne de Penthièvre eut recours au roi. La cour se prononça pour elle.

« Beau neveu, dit alors Philippe VI à monseigneur Charles de Blois, vous avez par jugement un grand et bel héritage ; or, hâtez-vous de le conquerre sur celui qui le tient à tort, et priez tous vos amis de vous aider. Je ne vous y défaudrai mie, et dirai à mon fils, le duc de Normandie, qu'il se fasse le chef de cette guerre avec vous. »

Quelque temps après, le duc de Normandie, fils du roi (depuis Jean le Bon), les ducs de Bourgogne et de Bourbon, les comtes d'Eu, d'Alençon et de Blois, le vicomte de Rohan, et une foule d'autres princes et de barons entraient en Bretagne avec Charles de Blois et des troupes nombreuses. Ils prirent Chantoceaux, « la clef de Bretagne, » et allèrent assiéger la grande cité de Nantes. Montfort s'y était enfermé et s'y défendit avec courage ; mais, force lui étant de se rendre, il traita avec l'armée ennemie. Il fut arrêté, au mépris de la capitulation qui lui garantissait la liberté, conduit à Paris et enfermé au Louvre.

L'un des prétendants étant au pouvoir du roi de France, on pouvait croire la guerre finie ; mais

Jeanne de Flandre, comtesse de Montfort, cette princesse « au courage d'homme et au cœur de lion, » dit Froissart, était libre.

« Combien qu'elle eut grand deuil au cœur, si ne fit-elle mie comme femme déconfortée, mais comme homme fier et hardi, en réconfortant vaillamment ses amis et ses soudoyers; et leur montroit un petit fils qu'elle avoit, qu'on appeloit Jean, ainsi que le père, et leur disoit : « Ha!
« seigneurs, ne vous déconfortez mie, ni éba-
« hissez pour Monseigneur que nous avons perdu;
« ce n'étoit qu'un seul homme : veez ci mon
« petit enfant, qui sera, si Dieu plaît, son res-
« torier, et qui vous fera des biens assez. Et j'ai
« de l'avoir en plenté (du bien en abondance).
« Si vous en donnerai assez, et vous pourchas-
« serai tel capitaine et tel mainbour par qui
« vous serez tous bien réconfortés. »

« Après quoi, de Rennes elle alla par toutes les forteresses et bonnes villes, menant son jeune fils avec elle, sermonnant et animant les siens, et renforçant ses garnisons de gens et de toutes choses nécessaires; finalement, elle vint à Hennebon, où elle se tint tout l'hiver. »

« Sitôt la douce saison revenue, » la plupart des sires de France rentrèrent en Bretagne et mirent le siége devant Rennes; Rennes se rendit. De Rennes, l'armée de Charles de Blois marcha sur Hennebon, où s'était enfermée la comtesse de Montfort, attendant « à grand'angoisse » les secours promis par le roi d'Angleterre, à qui le comte Jean avait été faire hommage dès le com-mencement de la guerre. Jeanne de Flandre se

défendit héroïquement. « La comtesse, qui était
armée de corps et était montée sur un bon cour-
sier, chevauchait de rue en rue par la ville, et
sermonnait ses gens de bien défendre, et faisait
les femmes, dames, damoiselles et autres défaire
les chaussées et porter les pierres aux créneaux,
pour jeter aux ennemis, et faisait apporter bombardes et pots pleins de chaux vive, pour jeter
sur les assaillants. »

Un jour que Jeanne reconnaissait du haut d'une
tour les opérations du siége, elle s'aperçut que
les Français, engagés à l'assaut à l'une des ex-
trémités de la ville, avaient laissé leur camp à
l'abandon. Elle sortit aussitôt avec trois cents
chevaliers par une porte restée libre, pénétra
dans le camp à demi désert et mit tout à feu et à
sang. « Trahis! trahis! » crièrent les Français en
apercevant les flammes; et ils retournèrent en
toute hâte à leurs tentes. « Quand la comtesse vit
l'*ost* s'émouvoir et gens courir de toutes parts,
elle rassembla tous ses gens et vit bien qu'elle
ne pourroit rentrer dans la ville sans trop grand
dommage : si s'en alla par un autre chemin. »
Poursuivie, mais chevauchant à toutes brides à
travers la plaine, elle gagna le château d'Auray,
« où elle fut reçue et fêtée à grand'joie de ceux
de la ville et du châtel très-grandement. » Cependant, à Hennebon, on était en *grand'cui-
sançon* (grand chagrin), et les Français de crier :
« Allez, seigneurs, allez querre votre comtesse;
certes, elle est perdue, vous ne la trouverez mie
de pié-çà. » Les angoisses durèrent cinq jours.
Le sixième, au soleil levant, elle parut devant

2

le châtel et y entra « à grand'joie et à grand son
de trompettes et de nacaires ; de quoi l'ost des
Français fut durement estournie. »

Cependant, le secours promis par les Anglais
n'arrivait pas, et les assiégeants faisaient de tels
efforts, que ceux de « dedans se commencèrent à
ébahir et à avoir volonté de faire accord. » Jeanne
se jeta à leurs pieds. « Trois jours, criait-elle,
Messires, trois jours, trois jours encore.... » Il
fallut bien des larmes, bien des prières pour obtenir ce délai. Le troisième jour, on allait ouvrir
aux Français les portes de la ville, quand la comtesse, « qui regardoit aval la mer par une fenêtre
du châtel, s'écria soudain : Les Anglais ! les Anglais ! voici venir le secours que j'ai tant désiré !... » C'étaient, en effet, les Anglais, que des
vents contraires avaient retenus soixante jours
loin des côtes de Bretagne.

Charles d'Espagne, qui commandait les Français et les Bretons du parti de Penthièvre, leva
aussitôt le siége d'Hennebon et rejoignit Charles
de Blois devant Auray. Auray, Vannes, Mé-
raude, etc., leur ouvrirent leurs portes, les bourgeois des bonnes villes se souciant fort peu de
sacrifier leurs enfants et leurs biens pour une
guerre de succession. Ils n'eurent point les mêmes
succès à Quimperlé, où leur armée fut taillée en
pièces, et ils échouèrent de nouveau devant Hennebon, qu'ils vinrent assiéger une seconde fois.

Jusque-là, Jeanne de Flandre s'était tenue sur
la défensive ; mais les trèves convenues entre les
deux couronnes de France et d'Angleterre étant
expirées, la comtesse, fort « réjouie » des nou-

velles qui lui arrivaient d'outre-mer, se prépara
à prendre l'offensive. La guerre de Bretagne avait
ranimé toutes les espérances d'Édouard. « Il lui
étoit avis que la duché de Bretagne étoit la plus
belle entrée qu'il pouvoit avoir pour conquérir le
royaume de France. »

Il commença par expédier de Southampton de
nombreux corps de troupes portés sur quarante-
six navires, aux ordres de Robert d'Artois. Trente-
deux grosses nefs et galères, louées aux Espa-
gnols et aux Génois, allèrent attendre la flotte
anglaise dans les parages de Guernesey. Il y eut
un sanglant combat, auquel prit part, s'il faut en
croire Froissart, l'héroïque Jeanne de Flandre :
« Là, étoit Mᵐᵉ de Montfort, où elle valut bien
un homme ; car elle tenoit un glaive moult roide
et bien tranchant et se combattoit de grand courage. » La lutte finit avec le jour, sans que la
victoire se décidât pour l'un ni pour l'autre parti.
Français et Anglais voulaient la recommencer
dès l'aube ; mais, vers minuit, un furieux coup
de vent sépara les deux flottes. Les Anglais
abordèrent dans le Morbihan, et Robert d'Artois se porta sur Vannes, où il fut mortellement
blessé.

Alors parurent en Bretagne le roi Édouard et
le roi Philippe : la Bretagne était le nouveau
champ de bataille où se jouait la couronne de
France.

Nulle action sérieuse ne marqua cette campagne de 1342. Une ville était prise par le roi
de France et Charles de Blois, reprise le lendemain par le roi d'Angleterre et ceux de Montfort,

pour être, bientôt après peut-être, saccagée de nouveau par les Français. C'était une guerre de dévastation et de pillage. « La malheureuse Bretagne était traitée avec une égale cruauté par les Anglais, auxiliaires de Jean de Montfort, et les Français, auxiliaires de Charles de Blois. Les uns et les autres ne faisaient aucune distinction d'amis ni d'ennemis parmi les bourgeois et les paysans ; tout leur était de bonne prise. »

Enfin les éléments combattirent contre Français et Anglais à la fois ; des pluies glaciales et torrentielles firent périr la plus grande partie de leurs chevaux ; les vivres leur manquèrent ; ils signèrent une trêve qui devait durer jusqu'à la Saint-Michel 1346.

Au mépris de la trêve, Philippe de Valois fit, en 1343, décapiter sans jugement plusieurs seigneurs bretons et normands soupçonnés d'avoir embrassé le parti de Montfort. L'un de ces seigneurs, Godefroy d'Harcourt, échappé au massacre, passa en Angleterre et devint pour la France un ennemi aussi dangereux que naguère Robert d'Artois.

Édouard, ayant appris le meurtre des seigneurs bretons, envoya à Philippe un message menaçant ; Philippe répondit par d'ironiques excuses, excuses dont parut se contenter l'insulaire, qui n'était point prêt encore à recommencer la lutte, et, « cette année, la terre se tut assez, » dit la chronique. Mais dès le printemps de 1345, il déclara de nouveau la guerre et se proposa d'envahir la France par trois points à la fois, par la Flandre, la Bretagne et la Guyenne.

Jean de Montfort, qui était parvenu à s'échapper de sa prison du Louvre et qui s'était réfugié près d'Édouard, repassa en Bretagne et descendit devant Quimper-Corentin, qui avait été surpris par Charles de Blois durant la trêve.

Pendant ce temps, Henri de Lancastre, comte de Derby et cousin germain d'Édouard, débarquait à Bayonne, et Edouard s'apprêtait à passer en Flandre *de sa personne*.

Nul succès en Bretagne que la reprise de Carhaix, après laquelle le prétendant s'en alla mourir à Hennebon, léguant ses droits à son fils Jean, encore enfant, et le soin de les défendre ou plutôt de conquérir l'héritage à son héroïque veuve, Jeanne de Flandre.

Dans le Midi, au contraire, la victoire suivit de toutes parts les drapeaux *fleurdelisés* d'Édouard ; presque toute la Guyenne se rendit anglaise, sauf quelques fortes places, comme Périgueux et Blaye.

Si les Anglais avaient réussi au Nord comme ils réussissaient dans le Midi, la noble couronne de France eût pu toucher le front d'Édouard III.

Mais dans le Nord, déception sur déception, malheur sur malheur.

Jacques Artevelle, *le grand brasseur de Gand*, voyant décroître son autorité et les villes de Flandre se soustraire à son obéissance, voulut frapper un grand coup : ériger *la comté* en duché et en investir le prince de Galles, fils de l'insulaire. L'insulaire applaudit à ce projet et fit aux Flamands les promesses les plus brillantes ; mais les Flamands, qui, sans aucun scrupule, faisaient

la guerre à leur légitime souverain, le chassaient
de leurs murs et le chargeaient de malédictions
et d'anathèmes, frémirent à la seule pensée de
l'exhéréder solennellement. Les magistrats municipaux qui étaient allés trouver Édouard et son
fils au port de l'Écluse, où ils se tenaient tous deux
avec « grand foison de baronie et de chevalerie
d'Angleterre, » répondirent qu'ils ne pouvaient
décider une si grande chose « sans que toute la
communauté de Flandre y accordât, » et ils se
séparèrent pour répandre l'alarme dans toute *la
comté.* Artevelle courut à Bruges et à Ypres, et
gagna les habitants de ces deux villes par le
charme de son éloquence. Pendant ce temps, les
Gantois, qu'il espérait si facilement amener à son
désir, conspiraient contre lui. A son retour, loin
de l'accueillir avec l'enthousiasme accoutumé,
« ils lui tournèrent l'épaule » et laissèrent échapper des imprécations et des menaces. Ils ne tardèrent pas même à venir l'assaillir en sa maison.
« Bonnes gens, que vous faut? qui vous meut? »
cria Artevelle en paraissant *à nu chef* à une fenêtre » Et il essaya encore le pouvoir de son
éloquence, de « ce beau langage, » comme dit
Froissart, qui lui avait donné pendant neuf ans
si grande influence sur ses concitoyens ; mais ils
crièrent tout d'une voix : « Nennin, nennin, des-
cendez et ne nous sermonnez plus de si haut.... »
Il voulut fuir dans une église qui touchait à sa
maison par derrière ; les insurgés pénétrèrent
auprès de lui, l'enveloppèrent de toutes parts,
et il tomba criblé de coups.... Édouard crut avoir
perdu la Flandre en perdant « son grand ami et

son cher compère ; » mais les Flamands, de leur
côté, tremblaient pour les belles laines que le
roi anglais leur expédiait d'outre-mer, et les
bonnes villes, à l'exception de Gand, s'empres-
sèrent de lui envoyer une députation, jurant fidélité à l'alliance, et dans la suite une union entre
l'une des filles d'Édouard et le fils du comte.

Les Flamands n'étaient donc pas entièrement
perdus pour la cause d'Édouard ; mais les Hen-
nuyers, les Hollandais, les Zélandais et les Fri-
sons, les meilleurs alliés de l'insulaire, passèrent
du côté de l'empereur Louis de Bavière, et par
conséquent du roi de France, par la mort de
Guillaume III, comte de Hainaut.

Ces malheureux événements du Nord chan-
gèrent les plans d'Édouard pour la campagne
de 1346 ; il résolut de concentrer toutes ses
opérations en Guyenne.

Dès le mois de février, les hostilités recommencèrent dans cette province. Le duc de Normandie se présenta à la tête de cent mille
hommes devant plusieurs châteaux forts, puis à
Angoulême et à Saint-Jean-d'Angély. Victorieux
sur tous les points, il alla assiéger la forte ville
d'Aiguillon, sous les murs de laquelle il resta
quatre mois.

Édouard voulut venir *de sa personne* au secours
de cette ville. Il s'embarqua le 2 juillet avec le
prince de Galles, Godefroy d'Harcourt et une
foule de barons, de chevaliers et de soldats. En
vain Godefroy d'Harcourt entreprit-il de *décon-*
seiller à Édouard d'aller en Guyenne et de tenter
une descente en Normandie ; en vain lui répéta-

t-il : « Le pays est un des plus gras du monde,
et nul ne viendra au-devant du roi ; car ce sont
gens de Normandie qui onc ne furent armés, et
toute la fleur de la chevalerie qui peut y être
gît maintenant devant Aiguillon avec le duc. »
L'Anglais cingla vers le Sud pendant deux jours
et trois nuits ; mais le vent lui fut si contraire,
qu'il revint sur les côtes de Cornouailles, où il
resta à l'ancre *six jours durant.*

« Ce vent fut bien fatal à la France.... » Déses-
pérant de gagner à temps la Guyenne pour sauver
Aiguillon, Édouard se décida tout à coup à suivre
le funeste conseil du comte d'Harcourt, et, le
12 juillet, il atteignit la presqu'île de Cotentin
au cap de la Hogue.

« Quand le roi issit de son vaissel, du premier
pied qu'il mit sur la terre, il chut si rudement,
que le sang lui vola hors du nez. — Cher sire,
lui dirent les chevaliers, retirez-vous en votre
nef et ne venez aujourd'hui à terre ; car voici
méchant signe pour vous. — Pourquoi donc ?
dit le roi. C'est un très-bon signe pour moi. Cette
terre me désire. » Ainsi avait dit Guillaume le
Conquérant en mettant, quatre siècles auparavant, le pied sur le sol d'Angleterre.

Une partie des troupes resta sur les côtes
pour protéger les communications avec la flotte ;
l'autre partie, sous le commandement du roi et
de son fils, s'enfonça dans l'intérieur du pays.
Godefroy d'Harcourt avait bien dit, gens de Normandie *onc* n'avaient été armés : ils eurent une
telle frayeur des Anglais, qu'ils s'enfuirent à leur
approche, laissant « leurs granges pleines de blé

et d'avoine, leurs étables remplies de pourceaux, de moutons et des plus beaux bœufs du monde qu'on nourrit en ce pays, leurs maisons, enfin, regorgeant de tous biens. » Les villes se rendirent presque sans résistance. Les bourgeois de Caen se prétendirent assez forts pour combattre les Anglais en rase campagne ; « mais quand ces gens de communes virent les trois batailles des Anglais approcher et bannières et pennons à grand planté (grand nombre), et qu'ils ouïrent bruire les *sagettes* (flèches) des archers, ils furent si effrayés, qu'ils s'enfuirent vers leur ville en désarroi.... Les Anglais les poursuivirent si aigrement, qu'ils entrèrent pêle-mêle avec eux en la cité. »

Édouard traversa toute la Normandie comme un torrent dévastateur, pillant et brûlant tout sur son passage, mais évitant les places qui eussent pu l'arrêter trop longtemps. Le 14 août il était à Poissy, à six lieues de Paris ; et des partis d'Anglais, se répandant de toutes parts, incendiaient les villages qui environnaient la capitale : ainsi Nanterre, Ruel, Neuilly, Boulogne, Saint-Cloud, Bourg-la-Reine, etc.

Paris tremblait.... Son roi tremblait....

Enfin arrivèrent à Paris bon nombre de chevaliers et de milices bourgeoises, les comtes d'Alençon, de Blois, de Flandre, le vieux roi de Bohême et ses Luxembourgeois, Charles de Luxembourg, roi des Romains et compétiteur de Louis de Bavière au trône de l'Empire, etc. Le roi Philippe assit son camp à Saint-Denis.

2.

« Gens d'armes et bourgeois ne demandaient que bataille; » mais Édouard ne voulait point de bataille et ne songeait nullement à attaquer la capitale : c'eût été folie. Dès le 16 août il décampa, passa la Seine, traversa rapidement le Beauvaisis et l'Amiénois, continuant son système de pillage et de dévastation, et ne s'arrêta qu'à Airaines, à l'entrée de *sa comté* de Ponthieu, que le roi Philippe lui avait confisqué.

Il était *mélancolieux*, dit Froissart. Le roi Philippe le poursuivait à marches forcées à la tête d'une armée double en nombre de la sienne, et il ne savait comment passer la Somme, dont tous les ponts étaient bien gardés et qui est « grande, large et profonde. »

Il fallut quitter Airaines, laissant les tables mises et *les chairs enhâtées* (les viandes à la broche).

Malheureusement Philippe et les siens, s'imaginant qu'Édouard ne pouvait leur échapper, *festoyèrent* tout un jour avec les provisions abandonnées par les Anglais.

Pendant ce temps, le roi d'Angleterre parcourait les rives de la Somme dans l'espoir de trouver un gué. Enfin un paysan, que ses soldats avaient pris, lui indiqua, près de Saint-Valery et presque en face de Crotoi, un pas où la rivière est guéable aux heures du reflux. Ce pas était appelé la Blanche-Tache ou Blanque-Taque, « pour le fort et dur gravier de blanche marne qui en forme le fond. »

Au soleil levant, le passage commença.

Mais douze cents hommes et Godemar du Fay,

envoyés d'Amiens par le roi Philippe, gardaient
l'autre bord.

Devant, la Somme et Godemar du Fay avec ses
lances; derrière, Philippe de Valois et ses troupes
nombreuses. Il fallait vaincre ou mourir.

Les Anglais « se férirent en l'eau, au nom de
Dieu et de saint Georges. »

Godemar du Fay s'avança de son côté.

On se battit avec fureur dans le lit même de la
rivière.

Si le roi de France fût arrivé alors, c'en eût été
fait des Anglais ; ils eussent péri jusqu'au dernier. Mais le roi de France n'arriva pas, et les
soldats d'Édouard culbutèrent Godemar, qui s'enfuit honteusement.

Quelques traînards étaient encore sur les rives
de la Somme, quand Philippe parut enfin. Il
passa à son tour, mais à Abbeville, à cause du
flux.

Édouard s'arrêta le lendemain au milieu des
bois de Crécy en Ponthieu, à cinq lieues d'Abbeville.

Crécy ! nom fatal à la France, et qui retrace à
lui seul tant de malheurs et de maux !

Mais à l'admirable historien déjà cité de nous
redire la triste scène de Crécy. Sous une plume
inhabile, le récit perdrait de son intérêt ; sous
un pinceau novice encore, le tableau, triste
tableau, hélas ! perdrait de ses couleurs.

« Prenons place ici, dit Édouard à ses gens ;
car nous n'irons pas plus avant sans voir nos ennemis ; et bien y a cause que je les attende ; car
je suis sur mon droit héritage, l'héritage de ma

mère; si le veux-je défendre contre mon adversaire, Philippe de Valois.

« Et, après qu'il eut donné à souper aux comtes et barons de son ost, il entra dans son oratoire, priant Dieu à genoux qu'il le laissât sortir de la besogne à son honneur. Le lendemain matin (26 août), il communia et se mit en bon état de conscience, ainsi que le prince de Galles, son fils, et la plupart de ses gens. Après les messes dites, l'ost se tira aux champs, et le roi fit faire un grand parc près d'un bois, derrière l'armée, et là fit retraire (retirer) chars, charrettes et chevaux, et demeura chaque homme d'armes et archer à pied. » (FROISSART.)

La gendarmerie fut ainsi changée en infanterie pesante, rôle convenable à l'attitude défensive que prenait Édouard. Gens d'armes, archers et couteliers furent disposés de manière à se prêter un mutuel secours, et le roi fit ordonner trois batailles par son connétable et ses deux maréchaux. Le jeune prince de Galles fut placé à la tête de l'avant-garde, avec les comtes de Warwick et de Hereford, Godefroy d'Harcourt, le valeureux chevalier Jean Chandos, qui commençait à acquérir grande renommée, et maints autres « bons combattants. » Le dragon rouge de Galles, le dragon de Merlin et des prophéties, flottait au front de l'armée britannique. Les comtes de Northampton et d'Arundel commandèrent le corps de bataille. Le roi se réserva l'arrière-garde; puis, montant sur un petit palefroi, un bâton blanc à la main, il alla de rang en rang, exhortant chefs et soldats, « de si lie chère

(joyeuse mine) que qui eût été déconforté, se
fût réconforté en l'oyant et regardant. Après quoi
les Anglois mangèrent et burent tout à loisir; et,
chacun étant retrait en sa bataille comme il étoit
ordonné par les maréchaux, ils s'assirent tous
par terre, leurs bassinets (casques) et leurs
arcs devant eux, se reposant pour être plus
frais, quand leurs ennemis viendroient. » L'armée anglaise devait compter de vingt-cinq à
trente mille combattants. Froissart réduit évi-
demment par trop ses forces, et augmente celles
de Philippe, sans doute pour rendre l'issue de
la bataille plus merveilleuse.

« Toute exagération à part, la disproportion
était énorme : Philippe, qui était parti d'Abbeville après le soleil levé, avec tous ses alliés et
ses feudataires, traînait après lui au moins
soixante-dix mille hommes, parmi lesquels environ dix mille hommes d'armes et un gros corps
d'arbalétriers génois; mais il n'y eut jamais en
aucune armée si mauvaise ordonnance. Les chevaliers et les autres gens d'armes allaient à leur
volonté, bannière par bannière; «les gens des
« communes, dont tous les chemins étoient cou-
« verts entre Abbeville et Crécy, tirèrent leurs
« épées, criant : A mort! à mort! dès qu'ils eu-
« rent approché l'ennemi, à trois lieues près. »
« Ce désordre ne laissait pas que d'alarmer ceux
des seigneurs français qui avaient quelque expé-
rience de la guerre, et quatre chevaliers que
Philippe avait envoyés reconnaître la position
des Anglais lui conseillèrent instamment d'attendre au lendemain pour attaquer, afin que tout

le monde fût arrivé, et qu'on pût ordonner convenablement les batailles. « Le roi commanda
« qu'ainsi fût fait, » et les deux maréchaux de
l'armée de France, les sires de Saint-Venant et
de Montmorency, chevauchèrent, l'un devant,
l'autre derrière l'armée, en criant : « Arrêtez,
« bannières, au nom de saint Denis. » Les barons
qui cheminaient les premiers s'arrêtèrent; mais
les autres dirent qu'ils ne s'arrêteraient point
jusqu'à ce qu'ils fussent aussi avant que les premiers. « Quand ceux-ci les virent approcher, ils
« chevauchèrent de l'avant, et ainsi le roi ni les
« maréchaux n'en purent être maîtres. Ils chevau-
« chèrent sans arroi, tant qu'ils vissent l'ennemi;
« et sitôt que les premiers le virent, ils reculèrent
« désordonnément, dont ceux de derrière crurent
« que les premiers déjà se combatissent, et eus-
« sent alors eu bien l'espace d'aller devant, s'ils
« eussent voulu : aucuns y allèrent, et aucuns se
« tinrent cois. »

« Les trois batailles anglaises se levèrent aussitôt en belle ordonnance, « les archers devant
« en manière de herse, les gens d'armes au fond. »
Quand le roi de France vit les Anglais, « le sang
« lui mua, car il les haïssoit; » il oublia le sage
conseil qu'on lui avait donné, et il dit à ses maréchaux : « Faites passer nos Génois devant, et
« commencez la bataille, au nom de Dieu et de
« monseigneur saint Denis. »

Les Génois avaient fait cinq lieues à pied, tout
armés, portant leurs lourdes arbalètes, sous une
grosse pluie et un tonnerre terrible; ils étaient
harassés, et se débattirent vivement contre

l'ordre qu'on leur donnait, criant à leurs connétables qu'ils n'étaient « mie adonc ordonnés de faire grand exploit de bataille. » La pluie, cependant, avait cessé ; le soleil « recommença de luire vif et clair, frappant droit en l'œil des François. » L'ordre d'attaquer fut réitéré : les Génois obéirent ; « ils juppèrent (crièrent) moult épouvantablement, pour les Anglois ébahir; » mais ceux-ci restèrent immobiles. Les Génois jetèrent un second cri, puis un troisième , et , « passant avant, » tendirent leurs arbalètes et commencèrent à tirer. « Adonc les archers anglois passèrent d'un pas en avant, et firent voler leurs sagettes (flèches) si vivement, que ce sembloit neige. » Les carreaux des Génois, au contraire , allaient mourir à quelques pas : leurs arbalètes avaient été trempées par la pluie, tandis que les Anglais avaient mis à couvert les cordes de leurs arcs dans leurs chaperons. Les arbalétriers voulurent battre en retraite ; mais une grande haie de gendarmes français leur barrait le chemin. Quand le roi Philippe vit ainsi les Génois retourner, il entra en grande fureur, et cria : « Or, tôt, tuez toute cette ribaudaille, car ils nous empêchent la voie sans raison. »

Les gens d'armes français, qui avaient vu les Génois tourner le dos et jeter leurs arbalètes pour fuir, ignorant la cause de cette prompte déroute, accusaient déjà de trahison ces étrangers ; ils ne suivirent que trop bien l'ordre barbare et absurde du roi, et se ruèrent sur les fugitifs à grands coups d'épée et de lance. Une horrible confusion s'ensuivit ; en un moment , gens d'armes et ar-

balétriers ne furent plus qu'une sanglante mêlée
d'hommes et de chevaux, se pressant, se renver-
sant, s'écrasant; la bataille fut perdue avant qu'on
eût joint l'ennemi ; les Anglais n'avaient que la
peine de tirer sur cette « grande presse, » où pas
un coup n'était perdu. Les flèches n'étaient pas
leurs seules armes : Édouard avait placé entre
ses archers « des bombardes qui, avec du feu,
lançoient de petites balles de fer pour effrayer
et détruire les chevaux, et ces bombardes menoient si grand bruit et tremblement, qu'il sembloit que Dieu tonnât avec grand massacre de
gens et renversement de chevaux. » (VILLANI,
l. XII, c. 65-66.) C'était la première fois que
l'artillerie proprement dite apparaissait dans une
bataille. La plupart des coups portaient sur la
haute noblesse qui avait pris les devants sur le
reste de la gendarmerie. Les barons et les chevaliers, désespérés de se voir ainsi massacrer
sans honneur, firent des efforts inouïs pour se
débarrasser de la presse où les avait poussés
leur aveugle furie; les comtes d'Alençon, de
Flandre et de Blois, le duc de Lorraine, le comte
de Savoie, et maints autres princes, barons,
chevaliers et écuyers, parvinrent enfin à se ral-
lier, fondirent sur les archers de l'avant-garde
anglaise, les enfoncèrent, et vinrent combattre
« main à main » contre les hommes d'armes du
prince de Galles, que soutint le corps de bataille
des comtes de Northampton et d'Arundel. L'effort
de la chevalerie française fut si redoutable pour
ces hommes d'armes à pied, que le comte de
Warwick et les autres barons qui entouraient le

prince de Galles, firent prier hâtivement le roi Édouard d'accourir à leur aide avec l'arrière-garde.

« Le roi anglais se tenait sur la butte d'un moulin, d'où il embrassait toute la bataille d'un coup d'œil. « Mon fils est-il mort, ou atterré « (jeté à terre), ou si blessé, qu'il ne se puisse « aider? demanda-t-il à l'envoyé — Nenni, sire, si « Dieu plaît; mais il est en dur parti et auroit bon « métier (besoin) de votre aide. — Or, retournez « devers ceux qui vous ont envoyé et leur dites, « de par moi, qu'ils ne m'envoient quérir d'au-« jourd'hui, tant que mon fils sera en vie. Qu'ils « laissent gagner à l'enfant ses éperons : je veux, « si Dieu permet, que la journée soit sienne, et « que l'honneur lui en demeure et à ceux à qui « je l'ai baillé en garde. »

« Laquelle réponse encouragea grandement ceux des deux premières batailles angloises, et ils se montrèrent meilleurs chevaliers que devant. » Le bon ordre avec lequel ils combattaient leur rendit bientôt l'avantage contre leurs fougueux adversaires. Le soir qui tombait porta le désarroi au comble : le gros des gens d'armes français, pêle-mêle avec les arbalétriers, n'avaient pu suivre le mouvement de la chevalerie, et essayèrent inuti-lement de se remettre en rang et de rejoindre leurs seigneurs; ils venaient se jeter par petites troupes entre les flèches et les lances des An-glais, qui les criblaient de coups les uns après les autres. Pendant ce temps, la plupart des princes et des hauts barons, qui avaient percé avec leurs bannières jusqu'au cœur des batailles

ennemies, y étaient enveloppés, abattus et
massacrés sans quartier; car Édouard, ne pré-
voyant pas qu'on pourrait gagner tant de riches
rançons, avait défendu d'octroyer aucune merci
durant le combat. Les ribauds gallois, irlandais
et cornouaillais se glissaient entre les gens
d'armes et les archers anglais, se jetaient sur les
chevaliers renversés et les poignardaient au dé-
faut de l'armure avec leurs grandes coutilles
(coutelas), « pour si grands sires qu'ils fussent. »

« Ainsi moururent le duc de Lorraine, les
comtes d'Alençon, de Flandre, de. Savoie, de
Blois, de Bar, d'Auxerre, de Saint-Pol, de Sancerre, le vicomte de Thouars, le sire de Saint-
Venant, l'archevêque de Sens, l'évêque de Nîmes,
et bien d'autres. Il y avait longtemps qu'on n'avait
vu de prélats tués à la guerre. Le comte d'Harcourt, ses deux fils et son neveu, le comte d'Au-
male, furent presque égorgés à la vue de Godefroy
d'Harcourt, frère de l'un et oncle des trois
autres, qui ne put les retrouver assez tôt pour les
sauver. Le vieux roi de Bohême, Jean de Luxembourg, un des plus vaillants et des plus courtois
chevaliers de la chrétienté, quoiqu'il fût depuis
peu « aveugle des deux yeux, » avait accompagné l'armée de France en « grand arroi; » quand
il entendit commencer le hutin (le tumulte), il
demanda « comment se portoit l'ordonnance de
« leurs gens. » Au tableau qu'on lui fit de la déroute des Génois et du désordre de la gendarmerie, il comprit que « tout étoit au pire; »
mais il ne voulut point se mettre en sûreté; tout

au contraire , il requit les chevaliers qui l'entouraient « de le mener si avant, qu'il pût férir un
« coup d'épée ; eux, qui son honneur et leur
« avancement aimoient , s'y accordèrent, et , de
« peur de le perdre en la presse, ils se liè-
« rent par les freins de leurs chevaux tous en-
« semble, mirent le roi tout devant, et se
« boutèrent si avant sur les Anglois, qu'ils y
« demeurèrent tous, et furent le lendemain trou-
« vés sur la place, autour de leurs seigneurs,
« morts et tous leurs chevaux liés ensemble. »
Charles de Luxembourg , roi des Romains ,
moins résolu que son père , s'était retiré sitôt
qu'il avait vu le succès de la journée tourner
contre les Français.

« La chute de tant d'illustres bannières détermina
la déroute complète du reste de la gendarmerie et
des milices communales, qui n'avaient pas eu à
donner un seul coup d'épée. Les Anglais ne se
débandèrent point à la poursuite des vaincus, et
ne « bougèrent point du champ. » Ce fut un
grand hasard que le roi Philippe n'eût pas été
enveloppé comme les autres dans la mêlée; il
avait eu un cheval tué sous lui d'un coup de
flèche, et s'obstinait à ne pas quitter le champ
de bataille ; à l'entrée de la nuit, il ne comptait
plus sous son oriflamme que cinq barons et
soixante hommes d'armes. « — Sire , lui dit
« Jean de Hainaut, seigneur de Beaumont, l'un
« de ces cinq chevaliers, sire, venez-vous-en,
« il est temps; ne vous perdez mie si simple-
« ment ; si vous avez perdu cette fois, vous re-
« couvrerez une autre. »

« Lors il le prit par le frein de son cheval, et
l'emmena quasi par force, et ils chevauchèrent
jusqu'au châtel de la Broie; la porte étoit fermée et le pont levé, car il faisoit moult brun
et moult épaisse nuit. Le châtelain fut appelé,
et vint sur les guérites, et demanda tout haut :
« — Qui est là? Qui heurte à cette heure? —
« — Ouvrez, ouvrez, châtelain, répondit le roi
« Philippe; c'est l'infortuné roi de France. »
Philippe ne s'arrêta là que pour « boire un
« coup » et prendre des guides qui le condui-
sirent à Amiens.

« Les désastres de cette funeste bataille n'étaient
pas terminés encore : le sang versé le 26 août
appartenait surtout à la noblesse; le peuple
eut son tour le lendemain. Deux corps de troupes,
composés, l'un des milices de Rouen et de Beauvais, l'autre de gens d'armes aux ordres de l'archevêque de Rouen et du grand prieur de l'hôpital Saint-Jean de Jérusalem, n'avaient pu rejoindre à temps l'armée royale; ignorant ce qui
s'était passé la veille, ils arrivaient par Abbeville
et Saint-Riquier, lorsqu'ils se heurtèrent, au
milieu d'une brume épaisse, contre une forte
colonne de gens d'armes et d'archers anglais qui
allaient à la découverte. Ils furent culbutés et
hachés l'un après l'autre : plus de sept mille
communiers furent tués, avec la plupart des
gens d'armes et le grand prieur de l'hôpital. Les
Anglais exterminèrent encore en détail une multitude d'autres gens de pied français qui erraient
débandés et « dévoyés » parmi les champs, « ne
« sachant nulles nouvelles de leur roi ni de leurs

« conducteurs. » Il en périt ce dimanche matin quatre fois plus que la veille.

« Le dimanche après midi, deux barons furent chargés par Édouard de rechercher et de compter les morts ; trois hérauts les assistaient pour reconnaître les armes (les armoiries) de ceux « qui étoient là demeurés, » et deux clercs, pour enregistrer les noms. Les deux seigneurs chargés de cette funèbre mission rapportèrent, suivant Froissart, qu'il était resté sur la place onze princes, quatre-vingt bannerets, douze cents simples chevaliers, et environ trente mille hommes « d'autres gens. » Le nombre des Français tués, au dire de Froissart, surpassait celui des soldats de l'armée victorieuse. Édouard fit ensevelir en terre sainte, au moutier de Maintenai, sur l'Authie, les corps de tous les « grands chevaliers », et octroya trois jours de trêve pour l'inhumation des morts.

« C'était la chevalerie elle-même qu'on portait au tombeau.... »

II.

« L'immense malheur de Crécy ne fit qu'en préparer un plus grand : l'Anglais s'établit en France. » (MICHELET.)

Après Crécy, la consternation était telle, la stupeur était si grande, qu'Édouard eût pu, reprenant le chemin qu'il avait déjà parcouru, soumettre, sans coup férir, toutes les populations sur son passage et entrer en vainqueur dans la bonne ville de Paris. Mais son triomphe eût été sans doute aussi éphémère que brillant; les Français, vaincus sans combat dans un moment d'effroi, se fussent aussitôt levés comme un seul homme et eussent chassé l'étranger avec honte et ignominie. Du moins est-il permis de supposer que tels se fussent produits les événements.

L'insulaire usa plus modérément de la victoire. Le royaume lui était ouvert; mais il pensa que l'heure n'était point encore venue de poser sur son front la couronne de France, et que la pru-

dence et la sagesse le conduiraient plus sûrement
au but.

Les périls qu'il avait courus dans sa rapide invasion, et particulièrement sur les rives de la
Somme, lui firent sentir la nécessité d'une place
d'armes, d'une place de débarquement dans la
France du Nord. Nulle ne lui convenait mieux
que Calais : Calais à sept lieues à peine des côtes
de l'Angleterre, Calais qui commandait l'ancien
détroit Gallique, Calais bon port, excellente forteresse, place admirablement située pour le
commerce ; Calais, c'était pour les Anglais la clef
du royaume de France.

Édouard quitta le champ de bataille de Crécy
pour se porter sur Calais ; le 26 et le 27 août,
s'étaient données les deux grandes luttes ; le 3 septembre, il était sous les murs de la cité que
« moult désiroit à conquérir. »

Il entrait aussi dans les projets de l'insulaire
des pensées de vengeance ; il voulait punir les
habitants de la ville « qui, tous pirates, disent
Froissart et Villani, avoient causé beaucoup de
dommages aux Anglois sur mer. »

Édouard s'était flatté d'emporter Calais d'un
coup de main ; mais la place était « bien remparée » et défendue par Jean de Vienne, « gentil
chevalier de Bourgogne et vaillant aux armes, »
de braves hommes d'armes de l'Artois et « de la
comté de Guines, » et les bourgeois, « tous gens
de résolution et aguerris par les périls de la
mer. »

Tout autre que le fils d'Isabelle de France se
fût découragé après quelques jours passés devant

Calais ; mais pour le fils d'Isabelle, Calais c'était en quelque sorte la France ; et la France, c'était l'héritage de sa mère, c'était son bien ; c'était aussi l'objet de sa plus ardente convoitise.

Il resta devant Calais.

Aux rêves d'ambition, aux pensées de vengeance contre les pirates de Calais, se mêlaient aussi d'autres sentiments, des sentiments de haine. Édouard, à Amiens, quelques années auparavant, avait rendu hommage à Philippe. Ce souvenir torturait son âme : lui, le puissant roi d'Angleterre, s'était prosterné devant son cousin de Valois! Il lui tardait d'effacer par des victoires ce qu'il nommait son humiliation et sa honte, de chasser le roi *trouvé*, de s'asseoir sur le trône de ses aïeux.

Il resta donc devant Calais, et, pour bien montrer « qu'il ne s'en partiroit par hiver ni par été tant qu'il l'eût conquise, tel temps ni quelle peine il y dût mettre ni prendre, » il fit bâtir entre la ville et la rivière et le pont de Nieulai « hôtels et maisons, assis et ordonnés par rues bien et faiticement (artistement), et les fit charpenter de gros merrain et couvrir d'estrain (de paille) et de genêts, comme s'il eût dû demeurer là dix ou douze ans. » Il appela cette ville de bois *Villeneuve-la-Hardie ;* « et y avoit place ordonnée pour tenir marché le mercredi et le samedi ; et là étoient merceries, boucheries, halle de draps et de pain et de toutes autres nécessités ; et tout ce leur venoit tous les jours par mer, d'Angleterre et aussi de Flandre.... Sans parler de ce qu'ils conquéroient en courant sur le pays, en la comté

de Guines, en Térouannois, et jusques aux
portes de Saint-Omer et de Boulogne. »

Toute l'Angleterre applaudit à la résolution de
son roi et seconda son entreprise. Elle partageait
sa haine pour les Calaisiens et ses rêves d'ambition et de gloire. Elle voyait d'ailleurs dans un
établissement, une colonie à Calais, une nouvelle
source de richesses, puisque Calais pouvait devenir, sous la domination anglaise, une place importante de commerce.

Les Calaisiens se préparaient à la défense avec
le même zèle, la même ardeur, le même enthousiasme que les Anglais montraient pour le
siége.

Jean de Vienne, gouverneur de la ville, fit
d'abord sortir de la place les bouches inutiles,
les pauvres gens qui n'avaient point de « pou-
véances » (provisions). Dix-sept cents hommes,
femmes et enfants, furent mis hors des portes.
Mais c'est à faire frémir : hors des portes, les
malheureux trouvèrent les Anglais…. Les Anglais
environnaient la ville de toutes parts et leur refusèrent le passage, tout en dédaignant de les im-
moler à leur fureur. Ces misérables errèrent
longtemps entre la ville et le camp ennemi,
livrés à toutes les angoisses du froid et de la
faim…. Un grand nombre succombèrent à leurs
souffrances. Enfin, Édouard, qui d'abord s'était
montré inflexible, eut pitié, et on dit qu'il accorda le libre passage aux survivants avec
quelques aumônes.

Après le désastre de Crécy, Philippe de Valois s'était retiré à Amiens, où il avait donné

congé à « toutes manières de gens, puis étoit retourné devers Paris. »

Le duc de Normandie avait, par l'ordre de son père, levé le siége d'Aiguillon pour venir défendre le Nord de la France. Avec cette armée, les Français eussent pu marcher immédiatement contre le roi d'Angleterre; mais elle fut licenciée comme celle de Picardie, le roi n'ayant pas les moyens de l'entretenir.

Les Anglais purent donc tout à leur aise conquérir la Guyenne, tandis que leur roi assiégeait Calais.

Édouard se tint durant tout l'hiver dans sa ville de bois. Son armée, qui se montait, d'après le témoignage de vieilles chroniques, à cinq mille hommes d'armes, cinq mille archers à cheval, quinze mille cinq cents archers à pied et quatre mille cinq cents Gallois, continuait le siége avec d'autant plus d'ardeur que les combattants étaient à l'abri de toute fatigue et de tout ennui.

Au printemps de 1347, la reine Philippine, qui avait repoussé en personne une invasion des Écossais dans le Nord de l'Angleterre et qui avait fait prisonnier leur roi, David Bruce, allié au roi de France, vint rejoindre son époux sous les murs de Calais,

Bientôt arrivèrent aussi à Villeneuve-la-Hardie le brave Hennuyer, Mauni, qui avait fait des prodiges en Bretagne et en Guyenne, et le comte de Derby.

Les assauts se multiplièrent, ils furent constamment repoussés : Jean de Vienne inspirait

une merveilleuse ardeur aux assiégés, en leur
montrant les maux qui accableraient la bonne
ville, si jamais elle tombait au pouvoir de l'Angleterre.

Les populations d'alentour et surtout celles
des côtes secondaient les efforts des Calaisiens
en leur procurant des vivres ; ce qui éternisait le
siége. Quelque grandes que fussent les forces
navales des Anglais, — des chroniqueurs leur
donnent trois cents vaisseaux et barques ;
d'autres, sept cent trente-sept voiles, — elles
n'avaient point suffi à rendre le blocus complet,
et des bâtiments normands et génois, à force, il
est vrai, d'audace et d'adresse, parvenaient à
entrer dans le port.

Édouard, comprenant que la ville tiendrait
tant qu'elle serait ainsi secourue, construisit, au
lieu où s'élève aujourd'hui le fort de Risban,
« un château de bois bien muni d'artillerie, qui
commandait le havre et le port de Calais, de manière à ce que rien ne pût entrer ni sortir. »

Au mois d'avril, était entré le dernier convoi
de vivres. Dans les premiers jours de mai, la famine se fit déjà sentir et la détresse alla toujours
croissant. En juin, c'était horrible ; on en était
venu, dit-on, aux chiens, aux chats, aux souris,
aux rats.... Une lettre, à la date du 23 ou 24 juin,
fut trouvée par les Anglais attachée à une hache
que la mer avait rejetée sur le rivage. Elle était
adressée au roi Philippe. « Tout est mangé, disait-elle, chiens et chats et chevaux, et de vivres
nous ne pouvons plus trouver en la ville, si nous
ne mangeons chair de gens.... Si nous n'avons

en brief (bientôt) secours, nous issirons hors de
la ville pour combattre, pour vivre ou pour
mourir; car nous aimons mieux mourir aux
champs honorablement que nous manger l'un
l'autre.... Si brièvement remède n'y est mis, vous
n'aurez jamais plus de lettres de nous, et sera la
ville perdue et nous qui sommes dedans. Notre-
Seigneur vous donne bonne vie et longue, et
vous mette en volonté que, si nous mourons
pour vous, vous le rendeiz à nos haires (que vous
en teniez compte à nos héritiers)! »

Le roi Philippe, c'était l'espoir des malheureux Calaisiens; mais le roi Philippe faisait en
vain appel à sa noblesse. « Il sentoit ses gens de
Calais durement contraints » et ne pouvait venir
à leur aide : la noblesse du bon royaume de
France était dans un tel état de stupéfaction, de
découragement, depuis la catastrophe de Crécy!

A la mi-juillet pourtant, l'armée féodale se
mit en marche.

« Mais les approches de Calais étaient diffi-
ciles de tous côtés, dit M. Henri Martin. Philippe
ne pouvait attaquer de front le camp anglais,
protégé du côté de la terre ferme par de vastes
marais dont les chaussées étaient fortifiées ou
rompues. Il fallait donc se diriger le long de la
mer vers la ville assiégée, soit au midi par Boulogne, soit au nord par Gravelines; les passages
devers Boulogne étaient occupés par les Anglais,
ceux devers Gravelines par les Flamands. Si les
gens de Flandre eussent livré les pas qu'ils gardaient, Philippe eût assailli Édouard tout à la
fois par le levant et le couchant; il eût sauvé

Calais et probablement vengé Crécy : les Flamands tenaient le destin de la guerre entre leurs
mains. Philippe s'humilia devant les vilains qu'il
avait jadis tant humiliés ; il leur offrit de faire
lever l'interdit papal qui pesait toujours sur eux,
de leur fournir des blés au plus bas prix durant
six ans ; de leur expédier, en remplacement des
laines d'Angleterre, des laines françaises, avec le
privilége de revendre en France les draps fa-
briqués de ces laines, à l'exclusion de tous
autres draps ; enfin, de leur rendre Lille, Douai
et Béthune, avec envoi préalable de grandes
sommes d'argent en garantie. Les Flamands ne
se fièrent point à sa parole : ils refusèrent,
prirent même l'offensive, et vinrent assiéger Aire
et piller l'Artois. »

Il ne restait plus que la route de Boulogne.
Philippe, après avoir repoussé les Flamands de
l'Artois, se dirigea d'Arras sur Hesdin et la mer,
et chevaucha le long des côtes avec son armée,
qui « tenoit bien trois lieues de pays » ; près du
roi étaient les ducs de Normandie et d'Orléans,
ses deux fils, le duc Eudes de Bourgogne, le duc
de Bourbon, les comtes de Foix, d'Armagnac,
de Valentinois, de Forez, tout ce qui avait échappé
au désastre de Crécy. L'armée s'avança jusqu'au
mont de Sangatte, entre Calais et Wissant ;
« quand ceux de Calais, du haut de leurs murailles, les virent poindre et apparoir sur la mon-
tagne, et leurs bannières et pennons flotter au
vent, ils eurent grande joie et cuidèrent (crurent)
assurément être tantôt délivrés (27 juillet). » Philippe fit halte au mont de Sangatte, et envoya

reconnaître les abords des campements ennemis,
tandis que la milice communale de Tournai em-
portait d'assaut une tour défendue par des archers
anglais, et qui commandait l'entrée des dunes.
Les maréchaux de France allèrent partout consi-
dérer les « passages et détroits » et rapportèrent
qu'il était impossible de s'ouvrir la voie sans exposer l'armée à sa perte : si l'on s'écartait de la
mer, on ne rencontrait que fossés, fondrières et
marais, et le pont de Nieulai, le « seul par où
l'on pût passer », était défendu par le comte de
Derby, « à grand'foison de gens d'armes et
d'archers » ; si l'on essayait de défiler le long des
dunes, on se trouvait sous le tir de la flotte anglaise, qui stationnait à l'ancre, « bien garnie de
bombardes, d'arbalètes, d'archers et d'espin-
gales (espèce de balistes à trébuchet).

La joie était encore dans Calais, dont le bon
peuple, du haut de ses murailles et de ses tours, sa-
luait les bannières de France, que le découragement et le désespoir remplissaient les cœurs de
tous ceux qui suivaient le roi Philippe; il n'y avait
point à espérer de sauver Calais....

Ne pouvant rien par la force, le monarque
français essaya la voie des négociations.

Il proposa le rachat de la ville. Quelle somme
eût pu valoir Calais pour l'Angleterre ? Édouard
refusa purement et simplement de répondre à
une telle requête.

Philippe offrit de restituer le Ponthieu et la
Guyenne, cette dernière province avec les limites
qu'elle avait sous Édouard Ier. Édouard III trouva
l'offre « trop petite ».

Quatre chevaliers se présentèrent alors aux
portes de Villeneuve-la-Hardie, sommant le roi
d'Angleterre, de par le roi de France, d'aviser à
trouver place où l'on se pût combattre sans avantage. « Seigneurs, répondit le roi Édouard, je
suis ici depuis près d'un an, et y ai grassement
dépensé de mon bien : ayant tant fait que bientôt
serai-je sire de Calais, je n'éloignerai mie ma
conquête que j'ai tant désirée. Que mon adversaire et ses gens quièrent voie comme ils
voudront pour me combattre. »

« Le roi Philippe, durement courroucé et
voyant qu'il n'y pouvoit rien faire, ordonna de
départir et déloger, se mit à chemin devers
Amiens et donna congé à toutes manières de
gens d'armes et de communes (2 août).

« Quand ceux de Calais virent le délogement
de leurs gens, si furent tous déconfits et despa-
retés ; et n'a si dur cuer au monde que qui les
eût vus demeurer et doulouser, n'en eût eu pitié.

« A ce délogement ne perdirent rien aucuns
Anglois, qui s'aventurèrent et qui se férirent en
la queue des François, mais gagnèrent des
chars, des sommiers et des chevaux, des vins
et des prisonniers, que ils ramenèrent en l'ost
devant Calais.

« Après le département du roi de France et de
son ost du mont de Sangatte, ceux de Calais
virent bien que le secours en quoi ils avoient
fiance leur étoit failli ; et si étoient à si grand'détresse de famine, que le plus grand et le plus fort
se pouvoit à peine soutenir.

« Si eurent conseil.

« Et leur sembla qu'il valoit mieux à eux mettre
en la volonté du roi d'Angleterre, si plus grand'-
merci ne pouvoient trouver, que eux laisser
mourir l'un après l'autre par détresse de famine;
car les plusieurs en pourroient perdre corps et
âme par rage de faim. »

Jean de Vienne parlait encore de résistance;
mais les Calaisiens se jetèrent à ses pieds et « si
prièrent tant qu'il voulût traiter, qu'il s'y accorda ».

Alors, il monta aux créneaux de la ville et fit
signe aux assiégeants qu'il voulait parler.

Le roi d'Angleterre, fort réjoui sans doute de
voir sa brillante et glorieuse entreprise toucher
à fin et à bonne fin, envoya aussitôt Gauthier de
Mauni et le seigneur de Basset.

« Quand ils furent là venus, messire Jean de
Vienne leur dit :

« — Chers seigneurs, vous êtes moult vaillants
chevaliers et usés d'armes, et savez que le roi de
France, que nous tenons à seigneur, nous a céans
envoyés et commandé que nous gardissions cette
ville et ce châtel, tellement que blâme n'en eus-
sions, ni il point de dommage; nous en avons
fait notre pouvoir. Or, est notre secours failli,
et vous nous avez si étreints, que n'avons de quoi
vivre ; si nous conviendra tous mourir ou enrager
par famine, si le gentil roi qui est votre sire n'a
pitié de nous. Chers seigneurs, si lui veuillez
prier en pitié qu'il veuille avoir merci de nous,
et nous en veuille laisser aller tout ainsi que nous
sommes, et veuille prendre la ville et le châtel et
tout l'avoir qui est dedans; si en trouvera assez.

« Adonc répondit messire Gauthier de Mauni
et dit :

« — Messire Jean, messire Jean, nous savons
partie de l'intention du roi notre sire, car il la
nous a dite ; sachez que ce n'est mie son entente
que vous en puissiez aller ainsi que vous avez ci
dit ; ains est son intention, que vous vous mettiez
tous en sa pure volonté pour rançonner ceux
qu'il lui plaira, ou pour faire mourir ; car ceux
de Calais lui ont tant fait de contraires et de
dépits, le sien fait dépendre, et grand'foison de
ses gens fait mourir, dont si il lui en poise ce
n'est mie merveille.

« Adonc répondit messire Jean de Vienne et
dit :

« — Ce seroit trop dure chose pour nous, si
nous consentions ce que vous dites. Nous sommes
céans un petit nombre de chevaliers et d'écuyers
qui loyalement à notre pouvoir avons servi
notre seigneur, le roi de France, si comme vous
feriez le vôtre en semblable cas, et en avons enduré mainte peine et mainte mésaise ; mais
ainçois en souffrirons-nous telle mésaise que
oncques gens n'endurèrent ni souffrirent la pareille, que nous consentissions que le plus petit
garçon ou varlet de la ville eût autre mal que le
plus grand de nous. Mais nous vous prions que,
par votre humilité, vous veuillez aller devers le
roi d'Angleterre, et lui priiez qu'il ait pitié de
nous. Si nous ferez courtoisie, car nous espé-
rons en lui tant de gentillesse, qu'il aura merci de
nous.

« — Par ma foi, répondit messire Gauthier de

3.

Mauni, je le ferai volontiers, messire Jean; et vous voudrois, si Dieu me veuille aider, qu'il m'en voulût croire; car vous en vaudriez tous mieux.

« Lors se départirent le sire de Mauni et le sire de Basset. »

Jean de Vienne resta sur les créneaux.

Le peuple attendait dans une indicible angoisse la décision du roi d'Angleterre.

Le roi d'Angleterre semblait être, de son côté, dans une grande perplexité. Il attendait ses envoyés « à l'entrée de son hôtel, dit Froissart, et avoit grand desir de ouïr nouvelles de ceux de Calais. » Autour de lui se pressaient le comte de Derby, le comte d'Arundel et les hauts barons du royaume d'outre-mer.

Les députés se prosternèrent devant le roi, puis se tinrent devant lui.

« Le sire de Mauni, qui sagement avoit emparlé et enlangagé, commença à parler, car le roi souverainement le voult ouïr, et dit :

« — Monseigneur, nous venons de Calais, et avons trouvé le capitaine messire Jean de Vienne, qui longuement a parlé à nous, et me semble que il et ses compagnons et la communauté de Calais sont en grand'volonté de vous rendre la ville et le châtel de Calais et tout ce qui est dedans, mais que leurs corps singulièrement ils en puissent mettre hors.

« Adonc répondit le roi :

« — Messire Gauthier, vous savez la greigneure partie de notre entente en ce cas; quelle chose en avez-vous répondu ?

« — En nom de Dieu, Monseigneur, dit messire Gauthier, que vous n'en ferez rien, si ils ne se rendoient simplement à votre volonté, pour vivre ou pour mourir, si il vous plaît. Et quand je leur eus ce montré, messire Jean de Vienne me répondit et confessa bien qu'ils étoient moult contraints et astreints de famine ; mais ainçois que ils entrassent en ce parti, ils se vendroient si cher que oncques gens firent.

« Adonc répondit le roi :

« — Messire Gauthier, je n'ai mie espoir ni volonté que j'en fasse autre chose.

« Lors se retrait avant le sire de Mauni, et parla moult sagement au roi et dit, pour aider ceux de Calais :

« — Monseigneur, vous pourrez bien avoir tort ; car vous nous donnez mauvais exemple. Si vous nous vouliez envoyer en aucune de vos forteresses, nous n'irions mie si volontiers, si vous faites ces gens mettre à mort, ainsi que vous dites ; car ainsi feroit-on de nous en semblables cas.

« Cet exemple amollia grandement le courage du roi d'Angleterre ; car le plus des barons l'aidèrent à soutenir.

« Donc dit le roi :

« — Seigneurs, je ne vueil mie être tout seul contre vous tous. Gauthier, vous en irez à ceux de Calais, et direz au capitaine que la plus grande grâce qu'ils pourront trouver ni avoir en moi, c'est que ils partent de la ville de Calais six des plus notables bourgeois, en purs leurs chefs et tous déchaux, les harts au col, les clefs de la ville et du châtel en leurs mains ; et de ceux je ferai ma volonté, et le demeurant je prendrai à merci. »

Gauthier de Mauni retourna à Calais.

Jean de Vienne l'attendait encore sur les créneaux.

Le brave Hennuyer raconta tout ce qui s'était passé à l'hôtel d'Édouard et posa les conditions exigées par le roi d'Angleterre, ajoutant « que c'étoit tout ce qu'il avoit pu empétrer. »

A Gauthier de Mauni d'attendre alors sous les murs de la ville.

« — Messire Gauthier, vous prié-je que vous veuillez ci tant demeurer que j'aie démontré à la communauté de la ville toute cette affaire ; car ils m'ont ci envoyé, et à eux tient d'en répondre, ce m'est avis.

« Répondit le sire de Mauni :

« — Je le ferai volontiers. »

C'est dans Froissart encore, l'inimitable conteur du XIVe siècle, qu'il faut lire les scènes de la halle et du camp ; comment les six bourgeois « se partirent de Calais, tout nuds en leurs chemises, la hart au col, et les clefs de la ville en leurs mains ; » comment « la reine d'Angleterre leur sauva les vies.... »

« Lors se partit des créneaux messire Jean de Vienne et vint au marché, et fit sonner la cloche pour assembler toutes manières de gens en la halle.

« Au son de la cloche vinrent hommes et femmes ; car moult désiroient à ouïr nouvelles, ainsi que gens si astreints de famine que plus n'en pouvoient partir.

« Quand ils furent tous venus et assemblés en la halle, hommes et femmes, Jean de Vienne leur démontra moult doucement les paroles toutes telles que ci-devant sont récitées, et leur dit bien que autrement ne pouvoit être, et eussent sur ce avis et brève réponse.

« Quand ils ouïrent ce rapport, ils commencèrent tous à crier et à pleurer tellement et si amèrement, qu'il n'est si dur cœur au monde, s'il les eût vus ou ouïs eux demener, qui n'en eût eu pitié. Et n'eurent pour l'heure pouvoir de répondre, ni de parler; et mêmement messire Jean de Vienne en avoit telle pitié, qu'il larmoyoit moult tendrement.

« Un espace après se leva en pied le plus riche bourgeois de la ville, que on appeloit sire Eustache de Saint-Pierre, et dit devant tous ainsi :

« — Seigneurs, grand'pitié et grand meschef seroit de laisser mourir un tel peuple que ici a, par famine ou autrement, quand on y peut trouver aucun moyen ; et si seroit grand'aumône et grand'grâce envers Notre-Seigneur, qui de tel meschef le pourroit garder. Je, en droit moi, ai si grand'espérance d'avoir grâce et pardon envers Notre-Seigneur, si je meurs pour ce peuple sauver, que je vueil être le premier, et me mettrai volontiers en pur ma chemise, à nud chef, et la hart au col, en la merci du roi d'Angleterre.

« Quand sire Eustache de Saint-Pierre eut dit cette parole, chacun l'alla aouser (adorer) de pitié, et plusieurs hommes et femmes se jetoient à ses pieds, pleurant tendrement ; et étoit grand'-

pitié de là être, et eux ouïr écouter et regarder.

« Secondement, un autre très-honnête bourgeois et de grand'affaire, et qui avoit deux belles damoiselles à filles, se leva, et dit tout ainsi qu'il feroit compagnie à son compère sire Eustache de Saint-Pierre.

« Et appeloit-on celui sire Jean d'Aire.

« Après se leva le tiers, qui s'appeloit sire Jacques de Vissant, qui étoit riche homme de meubles et d'héritage, et dit qu'il feroit à ses deux cousins compagnie.

« Aussi fit sire Pierre de Vissant, son frère.

« Et puis le cinquième.

« Et puis le sixième.

« Et se dévêtirent là, ces six bourgeois, tout nus en leurs braies et leurs chemises, en la ville de Calais, et mirent harts en leur col, ainsi que l'ordonnance le portoit, et prirent les clefs de la ville et du châtel ; chacun en tenoit une poignée.

« Quand ils furent ainsi appareillés, messire Jean de Vienne, monté sur une petite haquenée, car à grand'malaise pouvoit-il aller à pied, se mit au-devant, et prit le chemin de la porte.

« Qui lors vit hommes et femmes et les enfants d'iceux pleurer et tordre leurs mains et crier à haute voix très-amèrement, il n'est si dur cœur au monde qui n'en eût pitié.

« Ainsi vinrent eux jusques à la porte, convoyés en plaintes, en cris et en pleurs.

« Messire Jean de Vienne fit ouvrir la porte tout arrière, et se fit enclorre dehors avec les six bourgeois, entre la porte et les barrières, et vint à messire Gauthier qui l'attendoit là, et dit :

« — Messire Gauthier, je vous délivre, comme capitaine de Calais, par le consentement du povre peuple de cette ville ; ces six bourgeois ; et vous jure que ce sont et étoient aujourd'hui les plus honorables et notables de corps, de chevance et d'ancesterie de la ville de Calais, et portent avec eux toutes les clefs de ladite ville et du châtel. Si vous prie, gentil sire, que vous veuillez prier pour eux au roi d'Angleterre que ces bonnes gens ne soient mie morts.

« — Je ne sais, répondit le sire de Mauni, que messire le roi en voudra faire ; mais je vous ai en convent que j'en ferai mon pouvoir.

« Adonc fut la barrière ouverte ; si s'en allèrent les six bourgeois en cet état que je vous dis, avec messire Gauthier de Mauni, qui les amena tout bellement devant le palais du roi, et messire Jean de Vienne rentra en la ville de Calais.

« Le roi étoit à cette heure en sa chambre, à grand'compagnie de comtes, de barons et de chevaliers. Si entendit que ceux de Calais venoient en l'arroi qu'il avoit devisé et ordonné, et se mit hors, et s'en vint en la place devant son hôtel, et tous ces seigneurs après lui, et encore grand'foison qui y survinrent pour voir ceux de Calais, ni comment ils finiroient ; et mêmement là reine d'Angleterre suivit le roi son seigneur.

« Si vint messire Gauthier de Mauni et les bourgeois de lès qui le suivoient, et descendit en la place, et puis s'en vint devers le roi, et lui dit :

« — Sire, vecy la représentation de la ville de Calais à votre ordonnance.

« Le roi se tint tout coi et les regarda moult

fellement ; car moult héoit les habitants de Calais,
pour les grands dommages et contraires que, au
temps passé, sur mer, lui avoit faits.

« Ces six bourgeois se mirent bientôt à genoux
par-devant le roi, et dirent ainsi, en joignant leurs
mains :

« — Gentil sire et gentil roi, véez-nous ci six,
qui avons été d'ancienneté bourgeois de Calais
et grands marchands. Si vous apportons les clefs
de la ville et du châtel de Calais, et les vous
rendons à votre plaisir, et nous mettons en tel
point que vous nous véez, en votre pure volonté,
pour sauver le demeurant du peuple de Calais,
qui a souffert moult de griévetés. Si veuillez avoir
de nous pitié et merci par votre très-haute noblesse.

« Certes il n'y eut adonc en la place seigneur,
chevalier, ni vaillant homme, qui se pût abstenir
de pleurer de droite pitié, ni qui pût de grand'-
pièce parler. Et vraiment ce n'étoit pas merveille ; car c'est grand'pitié de voir hommes dé-
choir, et être en tel état de danger.

« Le roi les regarda très-ireusement, car il
avoit le cœur si dur et si épris de grand courroux, qu'il ne put parler.

« Et quand il parla, il commanda que on leur
coupât tantôt les têtes.

« Tous les barons et les chevaliers qui là
étoient, en pleurant, prioient si acertes que
faire pouvoient, au roi qu'il en voulût avoir
pitié et merci ; mais il n'y vouloit entendre.

« Adonc parla messire Gauthier de Mauni, et
dit :

« — Ha! gentil sire, veuillez refréner votre courage; vous avez le nom et la renommée de souveraine gentillesse et noblesse; or, ne veuillez donc faire chose par quoi elle soit amenrie, ni que on puisse parler sur vous en nulle vilenie. Si vous n'avez pitié de ces gens, toutes autres gens diront que ce sera grand'-cruaulé, si vous étes si dur que vous lassiez mourir ces honnétes bourgeois, qui, de leur propre volouté, se sont mis à votre merci pour les autres sauver.

« A ce point grigna le roi des dents, et dit :

« — Messire Gauthier, souffrez-vous; il n'en sera autrement, mais on fasse venir le coupe-téte. Ceux de Calais ont fait mourir tant de mes hommes, que il convient ceux-ci mourir aussi.

« Adonc fit la noble reine d'Angleterre grand'-humilité qui pleuroit si tendrement de pitié, que elle ne se pouvoit soutenir. Si se jeta à genoux par devant le roi, son seigneur, et dit :

« — Ha! gentil sire, depuis que je repassai la mer en grand péril, si, comme vous savez, je ne vous ai rien requis ni demandé; or, vous piié-je humblement et requiers en propre don que, pour le fils de sainte Marie, et pour l'amour de moi, vous veuillez avoir de ces six hommes merci.

« Le roi attendit un petit à parler, et regarda la bonne dame, sa femme, qui pleuroit à genoux moult tendrement; si lui amollia le cœur, se dit :

« — Ha! dame, j'aimasse trop mieux que vous fussiez autre part que ci. Vous me priez si acertes, que je ne le vous ose escondire; et combien que je le fasse envis, tenez, je vous les donne ; si en faites votre plaisir.

« La bonne dame dit :

« — Monseigneur, très-grands mercis !

« Lors se leva la reine, et fit lever les six bourgeois et leur ôter les chevestres d'entour leur cou, et les emmena avec li en sa chambre, et les fit revêtir et donner à dîner tout aise, et puis donna à chacun six nobles, et les fit conduire hors de l'ost à sauveté. »

Jean de Vienne, les chevaliers de la garnison et les principaux bourgeois furent envoyés prisonniers en Angleterre.

Les soldats et tous les habitants furent expulsés en masse. On leur permit de prendre avec eux ce qu'ils pouvaient emporter. Les chroniques racontent qu'on leur donna à manger dans le camp d'Édouard avant de les renvoyer, et qu'un grand nombre, exténués de faim et de faiblesse, se jetèrent avec une telle avidité sur les aliments qu'on leur présenta, qu'ils moururent étouffés.

Calais fut repeuplé d'Anglais, et Édouard fit de cette ville l'entrepôt des laines, des cuirs, de l'étain et du plomb d'Angleterre.

« Ainsi fut fondé ce fatal établissement de Calais qui a pesé sur la France durant plus de deux siècles. »

III.

La guerre était malheureuse pour la France sur tous les points. Tandis qu'Édouard assiégeait Calais, Charles de Blois, *navré* de sept plaies, tombait devant la Roche-Derrien au pouvoir de ceux de Montfort, qui l'envoyèrent par mer en Angleterre. Digne rivale de Jeanne de Montfort, Jeanne de Penthièvre « prit la guerre de grand'-volonté et sut bien tenir les villes, cités et forteresses. »

C'était le temps des héroïnes....

L'Angleterre était épuisée par le terrible effort qu'elle venait de faire dans le Nord de la France et n'aspirait qu'à se reposer sur ses armes victorieuses ; Philippe baissait sous les coups de la fortune sa tête humiliée, et l'abattement avait succédé chez lui à la soif de la vengeance : les deux rois signèrent une trêve de dix mois. Dans cette trêve étaient compris leurs alliés : l'Écosse, la Bretagne et la Flandre.

La lutte ne recommença pas à l'expiration de l'armistice, qui fut prorogé pour un an, puis pour deux autres années encore.

Durant ces trèves, que de maux pour la France ! La peste noire, qui avait d'abord éclaté chez *les mécréants*, disent les chroniques, et qui, des rives du Nil ou de plus loin encore, s'était avancée jusqu'en France, de ville en ville, de village en village, de maison en maison, d'homme en homme, et qui enleva les trois quarts de la population.... « On n'avoit jamais entendu, jamais vu, jamais lu que dans les temps passés une telle multitude de gens eussent péri.... »

A la peste noire succédèrent bientôt les discordes civiles et la Jacquerie.

Puis la guerre recommença.

C'étaient des Français qui, traîtres à leur patrie, avaient, sous Philippe VI, appelé les Anglais en France; ce furent encore des Français qui les appelèrent sous Jean le Bon : Godefroy d'Harcourt, pour la seconde fois, et Charles le Mauvais, roi de Navarre, petit-fils de Louis le Hutin par sa mère Jeanne de France, et gendre de Jean le Bon.

Et pourtant Godefroy, après Crécy, où il avait vu mourir son frère et ses trois neveux, avait paru la corde au cou devant le roi de France, et s'était écrié avec des pleurs : « J'ai été traître envers le roi et le royaume; j'en requiers miséricorde et paix.... » Mais son dernier neveu, le comte d'Harcourt, avait été injustement *décollé* par ordre de Jean, et l'infortuné n'avait plus respiré que vengeance.

Les Anglais recommencèrent leurs ravages au Nord et au Midi : au Nord, le duc de Lancastre, qui, sous le nom de comte de Derby, avait remporté tant de victoires ; au Sud, le prince de Galles, le célèbre Prince Noir, ainsi nommé, on le sait, de la couleur de son armure. Au Nord et au Midi, les Anglais remportèrent d'immenses avantages, et le prince de Galles ajouta bientôt à la gloire de son premier triomphe, Crécy, la gloire d'un triomphe plus éclatant, Poitiers....

Mais on nous permettra, pour l'intelligence des faits que nous indiquons ici, de reprendre les choses d'un peu plus haut.

En avril 1350, Jean, duc de Normandie, avait succédé à son père Philippe VI. Son règne avait commencé par des fêtes ; mais les fêtes avaient fini par une exécution sanglante : le nouveau roi avait fait décapiter le comte d'Eu, connétable de France, nouvellement revenu sur parole de sa prison d'Angleterre. Il avait été dit, mais sans preuves, que le connétable trahissait sa patrie. La charge de cette victime, peut-être innocente, avait été donnée à Charles Lacerda, favori du roi, et frère de ce Louis d'Espagne qui avait commandé en Bretagne les armées de Charles de Blois.

Le favori excitait beaucoup de jalousie et de haine. On l'accusait tout bas du meurtre du comte d'Eu et d'autres crimes encore. Les mécontents se groupèrent autour de Charles le Mauvais, qui prétendait à la couronne de France aux mêmes titres qu'Édouard III, mais qui se contentait de réclamer alors Pontoise, Beaumont-sur-Oise et Asnières, que sa mère avait acquis quelques jours avant sa mort, en abandonnant le comté d'Angoulême et quelques terres en Poitou.

Le roi Jean se souciait peu des réclamations du jeune prince, qu'il traitait *comme un enfant sans conséquence.* Il eût dû comprendre qu'il est toujours dangereux d'irriter un ennemi puissant; et Charles ne possédait pas seulement la Navarre, mais encore, par lui et ses deux frères, le comté d'Évreux, Mantes, Meulan, et d'autres places au cœur de l'Ile-de-France.

Le discernement le plus vulgaire eût suffi aussi pour reconnaître quelles redoutables facultés gouvernaient et servaient à la fois les passions du roi de Navarre. Bien digne du surnom de *Mauvais,* que ses sujets eux-mêmes lui avaient donné, ce prince, né pour devenir le fléau de sa patrie, avait reçu de la nature tous les avantages dont un cœur pervers peut abuser : taille avantageuse, visage aimable, esprit fin et délié, éloquence insinuante, adresse singulière, courage éprouvé, libéralité qui approchait de la profusion. Sous cet extérieur séduisant, il cachait, nouveau Catilina, une âme artificieuse, vindicative, cruelle, capable des perfidies les plus noires et des crimes les plus atroces; négociations frauduleuses, trahisons secrètes, révoltes déclarées, parjures, assassinats, empoisonnements, tels furent les jeux de ce monstre....

Les deux princes, le nouveau connétable et Charles le Mauvais, avaient eu bien des fois en-

semble des altercations violentes ; ils en vinrent
aux injures et aux menaces.

Le 8 janvier 1354, Charles d'Espagne vint à
l'Aigle, que le roi de France lui avait donné avec
la main d'une fille de Charles de Blois. Charles
de Navarre, qui était alors à Évreux, chargea
un de ses parents, Mareuil, d'entrer par surprise dans l'Aigle pendant la nuit. Lui-même,
avec ses amis, vint attendre à la sortie de la
ville l'issue de l'entreprise. Au point du jour,
Mareuil accourut au galop, criant : C'est fait !
c'est fait ! — Qu'est-ce qui est fait ? demanda
Charles. — Il est mort !...

Mareuil avait surpris et massacré le connétable
dans son lit.

Quelques historiens prétendent que Charles de
Navarre voulait seulement s'emparer de son ennemi. Quoi qu'il en soit, le jeune prince déclara
qu'il prenait sur lui tout ce qui avait été fait,
fortifia ses places de Normandie et écrivit aux
membres du grand conseil du roi et aux corps
municipaux des principales villes de France qu'il
avait fait *occire* le connétable *pour ses grands mé-
faits et injures*, et qu'il les priait de s'interposer
entre le roi et lui.

Jean ne rêva d'abord que vengeance. Il convo-
qua de toutes parts ses barons.

Pendant ce temps, les seigneurs mécontents
se rangeaient autour de Charles de Navarre,
et les Anglais lui faisaient offrir leur secours.

Le roi de France comprit que la faction navar-
raise allait servir d'avant-garde à l'Angleterre,

et il octroya solennellement plein pardon à son gendre, tandis qu'il jurait dans son cœur de venger le connétable.

Le pardon accordé au roi de Navarre eût amené une paix définitive avec l'Angleterre, si la question de Bretagne n'eût fait rompre les conférences annoncées déjà à ce sujet, et si, d'ailleurs, Charles le Mauvais n'eût point fait alliance secrète avec Édouard.

On s'apprêta donc au renouvellement de la grande guerre.

Trois petites escadres anglaises mirent aussitôt à la voile : la première pour la Guyenne, sous le commandement du prince de Galles ; la seconde pour la Bretagne, avec le duc de Lancastre ; la troisième pour la Normandie, avec Édouard lui-même.

Jean caressa le roi de Navarre, qui ne put cette fois prendre part à la guerre et rejoignit Édouard en Normandie.

L'Anglais, de son camp devant Blangis, envoya défier le roi de France, lui faisant dire qu'il l'attendrait cinq jours. Jean répondit que, pour combattre, il consulterait son propre vouloir, et non celui de son ennemi.

Cependant, peu après, Édouard ayant levé le siége de Blangis et retournant vers Calais, Jean le poursuivit et lui offrit bataille de cent à cent, de mille à mille, ou de *pouvoir à pouvoir* (armée contre armée). Édouard refusa à son tour et retourna en Angleterre, où les Écossais avaient fait une nouvelle invasion.

Cependant, Nantes était tombée au pouvoir

des Anglais, et le prince de Galles parcourait
l'Aquitaine en vainqueur.

Le roi Jean, dont les ressources étaient épui-
sées, était hors d'état de soutenir la lutte. Il fit
un appel à la nation. Les députés de la langue
d'oïl se réunirent à Paris, et les trois ordres vo-
tèrent la levée de trente mille hommes d'armes
(cent cinquante mille combattants), sans y comprendre les milices communales. Deux impôts,
la gabelle (impôt sur le sel) et le droit de vente,
payés sans distinction par tous les sujets du roi,
devaient pourvoir à l'entretien de cette armée.
A la suite d'une négociation longue et difficile,
Jean II autorisa les états à choisir dans chaque
bailliage des personnes loyales (trois de chaque
ordre) qui dirigeraient les affaires relatives à la
levée de l'impôt, nommeraient les percepteurs,
recevraient leurs comptes et prêteraient serment
à l'assemblée. Le roi s'engagea de plus à ne
faire ni paix ni trêve sans le consentement des
états, qui devaient se réunir l'année suivante.

Les deux impôts proposés soulevèrent le mécontentement dans tout le royaume, et principa-
lement en Normandie, où le roi de Navarre excitait secrètement le peuple contre le roi de
France. Charles le Mauvais habitait alors Évreux ;
le duc de Normandie (Charles, fils aîné du roi)
avait établi sa petite cour à Rouen ; les deux
princes se visitaient souvent. Le roi Jean crut
trouver dans les relations amicales de son fils et
de son gendre l'occasion de se venger de
celui-ci. Charles de France avait invité Charles
de Navarre, le comte d'Harcourt et d'autres amis,

4

à un banquet dans le château de Rouen, pour le 16 avril 1356, veille de Pâques fleuries. Jean, averti à l'avance, se tint dans les environs avec une centaine de chevaliers et se présenta tout à coup dans la salie du festin. « Nul ne se meuve pour chose qu'il voie, s'il ne veut mourir de cette épée ! » cria le maréchal d'Audeneham, qui précédait le monarque, l'épée nue à la main.

Tous les conviés se levèrent épouvantés.

« Le roi Jehan s'avança vers la table, lança son bras dessus le roi de Navarre, le prit par la queue (la queue de son chaperon), et le tira moult roide contre lui, en disant : — Or sus, traître, tu n'es pas digne de seoir à la table de mon fils. Par l'âme de mon père, que je ne boive ni ne mange tant que tu vivras. » Les sergents du roi s'emparèrent de Charles de Navarre et de ses amis, malgré leurs plaintes et leurs protestations, et malgré les pleurs du duc de Normandie, qui suppliait son père de ne pas se déshonorer en traitant *si vilainement* ses hôtes. « Laissez, Charles, répondit le roi, ils sont mauvais traîtres; vous ne savez pas tout ce que je sais. »

Après dîner, le roi Jean monta à cheval avec ses deux fils, son frère, ses cousins d'Artois et ceux de sa *route* (troupe), et ils allèrent dans un champ derrière le château, appelé le Champ-du-Pardon. Là furent menés en deux charrettes les prisonniers, à l'exception du roi de Navarre, et décollés par le *roi des ribauds* et ses hommes. Charles le Mauvais fut jeté dans les prisons du Châtelet.

Godefroy d'Harcourt ne songea qu'à venger son

neveu. Il appela les Anglais en Normandie....
Les Anglais accoururent et ravagèrent une fois
encore tout le pays.

Le roi Jean, transporté de colère, parut aussitôt à la tête de son armée, et vint assiéger Breteuil, qui soutint longtemps ses efforts.

Il était encore sous les murs de cette ville,
quand il reçut la nouvelle que le prince de Galles,
parti de Bordeaux avec deux mille hommes
d'armes et six mille archers et brigands (piétons),
tant Gascons qu'Anglais, s'était jeté sur le
Rouergue, l'Auvergne et le Limousin, et y com-
mettait d'affreux ravages. Il accorda aussitôt une
capitulation honorable aux habitants de Breteuil,
et revint à Paris, puis à Chartres, pour arrêter le
Prince Noir, qui, ayant formé l'audacieux projet
de passer la Loire et de gagner la Normandie
par la Touraine et le Maine, allait pillant, brûlant, saccageant sans obstacle le centre de la
France.

Les Anglais arrivèrent jusqu'à Vierzon. Ce fut
là qu'ils apprirent que le roi Jean était à Chartres
et que tous les passages sur la Loire étaient gardés.
Ils retournèrent vers le Sud par la Touraine et le
Poitou, mettant tout à feu et à sang, et marchant
à petites journées, bien que des milliers de
Français franchissent alors la Loire à Orléans, à
Meung, à Blois, à Tours, à Saumur, pour se
mettre à sa poursuite.

Jean se dirigea également sur Poitiers. Sa
marche fut si rapide, qu'il dépassa bientôt le
Prince Noir en croyant le poursuivre. Les deux
armées ne connurent leur situation respective

que par une rencontre fortuite entre quelques
barons de l'arrière-garde française et les cou-
reurs du prince de Galles.

Le prince Édouard, voyant qu'il était devancé
et qu'il ne pourrait échapper sans combattre,
assit son camp sur un plateau élevé, dit le
champ de Maupertuis, à deux petites lieues au
nord de Poitiers.

Si les Français eussent enveloppé la hauteur
qu'il occupait et formé, en quelque sorte, le blocus de Maupertuis, c'en était fait de lui ; à
peine avait-il des vivres pour vingt-quatre
heures, et son armée, bien inférieure à celle des
Français, eût été accablée par le nombre, si elle
eût essayé de quitter la hauteur où elle s'était
retranchée.

Sentant bien le danger de sa situation, le prince
de Galles eut recours aux négociations. Il offrit
même de rendre toutes ses conquêtes et de ne
porter, de sept ans, les armes contre la France.
Jean le Bon se flattait si bien du succès, qu'il ne
voulut rien entendre.

« Beau fils, dit le cardinal de Périgord, qui s'était
porté pour médiateur auprès du roi de France,
faites ce que vous pourrez ; il vous faut combattre. — Dieu veuille aider au droit, » répondit
le prince de Galles.

Tandis que ses divers corps de troupes se
mettaient en ordonnance et qu'il les rangeait en
trois grosses batailles de seize mille hommes
environ, Jean le Bon envoya quatre chevaliers de
renom reconnaître la position des Anglais. L'un
d'eux, messire Eustache de Ribemont, répondit

pour tous : « Sire, on ne peut aller aux Anglais
que par un chemin fortifié mâlement de haies
et de buissons, et si étroit, qu'on n'y saurait
chevaucher plus de quatre de front ; ils ont vêtu
et fortifié ces haies d'une partie de leurs archers,
et, au haut du chemin et de la haie, entre vignes
et épines où l'on ne peut aller à cheval, sont
leurs gens d'armes, tous à pied, leurs destriers
en arrière, et le demeurant des archers en avant,
en manière de herse ; ce qui ne sera mie légère
chose à déconfire. — Et comment nous conseil-
lez-vous d'y aller ? dit le roi. — Sire, tous à
pied, répondit messire Eustache, fors trois cents
armures de fer, des plus durs et hardis de votre
ost, bien montés sur fleur de coursiers, pour
rompre et ouvrir les archers ; puis vos batailles
de gens d'armes vitement suivront à pied, et
viendront sur les gens d'armes anglais, pour les
combattre main à main. Qui sait meilleur avis,
qu'il le dise ! — Ainsi sera fait ! » cria le roi.

« L'ordonnance des Anglais était telle que
l'avait exposé Eustache de Ribemont ; seulement, le lendemain matin, Édouard de Galles fit
remonter en selle une réserve de chevaliers et
d'écuyers, et embusqua derrière un coteau voisin du champ de Maupertuis trois cents hommes
d'armes et trois cents archers à cheval, qui devaient prendre en flanc la bataille du duc de
Normandie, rangée au pied de la colline. Du
côté le plus accessible, les Anglais étaient protégés par des retranchements de chariots. »

Le lundi matin, 19 septembre, le roi Jean donna
le signal de l'attaque....

« Vous avez bien ouï parler de la bataille de
Crécy et comment fortune fut moult merveilleuse
pour les Français. Aussi à la bataille de Poitiers,
elle fut très-merveilleuse, diverse et très-félon-
nesse pour eux, et pareille à celle de Crécy,
car les Français étaient bien des gens d'armes
sept contre un. »

Les deux maréchaux de France Arnoul d'Audeneham et Jean de Clermont entrèrent au galop, à la tête de trois cents *armures de fer*, dans
le sentier escarpé qui menait au champ de Maupertuis. Aussitôt les archers de tirer *à foison* des
deux côtés du chemin, et de percer les chevaux
avec leurs longues flèches *barbues* : les destriers
se cabrent, trébuchent et s'abattent sous leurs
cavaliers, *qui ne peuvent aider ni relever ;* à peine
quelques-uns des mieux montés parviennent-ils
à joindre les archers et la bataille du prince de
Galles ; mais ils sont enveloppés et abattus sur-
le-champ par la réserve anglo-gasconne ; le maréchal d'Audeneham est pris, le maréchal de
Clermont est tué ; presque tout ce qui s'est en-
gagé dans le fatal sentier a le même sort, et le
reste de la bataille des maréchaux se rejette en
désordre sur le corps d'armée du duc de Normandie.

Au même instant, les six cents hommes
d'armes et archers à cheval, cachés derrière l'autre colline, la tournent au galop et se
ruent avec une grêle de traits sur la bataille du
duc de Normandie, déjà troublée de la défaite des
maréchaux ; les derniers rangs s'ébranlent, et
beaucoup de gens d'armes remontent sur leurs

destriers et s'enfuient. A l'aspect de ce désordre,
toute la gendarmerie anglo gasconne est à
cheval en un instant, et descend du champ de
Maupertuis, en criant : *Saint Georges!* et *Guyenne!*
« Sire, chevauchez avant : la journée est
vôtre, dit le fameux chevalier Jean Chandos au
prince de Galles. Tirons devers votre adversaire
le roi de France ; car il est vaillant, il ne fuira
point, et nous demeurera. — Avant donc ! répliqua le prince ; vous ne me verrez d'aujour-
d'hui tourner le visage. »

« Alors eut grand froissis et grand boutis, et
maints hommes renversés par terre ; là écrioient
les aucuns chevaliers et écuyers de France qui
par troupeaux se combattoient : *Montjoye ! Saint
Denis !* et les Anglois : *Saint Georges ! Guyenne !*
Là étoit grandement prouesse rencontrée ; car il n'y
avoit si petit qui ne vaulsist un homme d'armes. »

Les Anglais enfoncèrent en un instant la bataille des Allemands et se portèrent sur celle
du duc de Normandie. Cette bataille prit aussitôt
la fuite avec les fils du roi, le duc de Normandie
et le comte de Poitiers, « qui étoient pour ce
temps moult jeunes et de petit avis : si crurent
légèrement ceux qui les gouvernoient. » La grosse
bataille du duc d'Orléans, « toute saine et toute
entière, » suivit les enfants du roi.

Resta seule sur le champ d'honneur la bataille
du roi Jean. « Là fit le roi Jean, de sa main, mer-
veilles d'armes et tenoit la hache dont trop bien
se défendoit et combattoit. » La fleur de la noblesse se groupait autour de lui, rivalisant avec
son roi de courage et d'ardeur. « Là eut grand

hutin fier et crueux, et donnés et reçus maints ho-
rions de haches, d'épées et d'autres bâtons de
guerre. » Le dernier des fils du roi, le jeune
Philippe, duc de Touraine, enfant de treize ans,
ne quitta pas d'un instant son père ; il lui criait :
« Père, gardez-vous à droite ! gardez-vous à
gauche, » à mesure qu'il voyait les ennemis s'approcher.

« Tant survinrent Anglois et Gascons de toutes
parts, que, par force, ils ouvrirent et rompirent la presse de la bataille du roi de France ; et
furent les François si entouillés entre leurs ennemis, qu'il y avoit bien, en tel lieu étoit et telle
fois fut, cinq hommes d'armes sur un gentilhomme. — Là eut adoncques trop grand'presse
et trop grand boutis sur le roi Jean, pour la
convoitise de le prendre ; et lui crioient ceux qui
le connaissoient, et qui le plus près de lui
étoient : « Rendez-vous, rendez-vous ! autre-
« ment, vous êtes mort. »

« A qui me rendrai-je ? cria enfin le roi, se
« voyant presque seul au milieu des ennemis ; à
« qui ? Où est mon cousin le prince de Galles ? Si
« je le véois, je parlerois. » Alors s'avança un
chevalier d'Artois, messire Denis de Morbecque,
qui avait passé au service du roi d'Angleterre,
parce qu'il avait été dépouillé de son fief pour
avoir tué son adversaire dans une guerre privée,
entreprise contre les ordonnances. Le roi lui
jeta son gant.

« Je comptais, dit Jean au Prince Noir, quand
il lui fut présenté, je comptais vous donner à
souper aujourd'hui ; mais la fortune en dispose

autrement et veut que je soupe chez vous. »
Le prince de Galles se montra courtois et géné-
reux pour son prisonnier et le traita en roi.
« Cher sire, lui dit-il, ne vous laissez pas abattre,
si Dieu n'a pas voulu faire aujourd'hui ce que
vous désiriez ; monseigneur mon père vous traitera avec tous les honneurs que vous méritez, et
traitera avec vous à des conditions si raisonnables,
que vous en demeurerez pour toujours amis.
Vous devez certainement vous réjouir, quoique la
journée n'ait pas été vostre ; car vous avez acquis
le haut renom de prouesse, vous avez surpassé
tous ceux de vostre costé. Je ne dis mie cela,
cher sire, pour vous consoler ; car tous mes
chevaliers qui ont vu le combat s'accordent à
vous en donner le prix et la couronne. »

Cette grande victoire avait coûté aux Anglo-
Gascons le tiers de leur armée, neuf cents
hommes d'armes et quinze cents archers et fantassins ; du côté des Français, deux mille quatre
cent vingt-six nobles hommes, et sept ou huit
mille *menues gens* avaient péri dans le combat ou
dans la déroute.

Le lendemain, l'armée anglaise se mit en
marche avec ses innombrables prisonniers. Elle
se dirigea vers Poitiers. Le prince de Galles
croyait sans doute surprendre la ville ; mais il
fut trompé. Chevaliers et bourgeois s'étaient
armés et faisaient bonne garde aux portes et sur
les murs.

« Les Anglois, dit Froissart, passèrent outre
sans point approcher ; car ils étoient si chargés
d'or et d'argent, de joyaux et de bons prison-

4.

niers, que ils n'avoient mie loisir ni conseil d'assaillir à leur retour nulle forteresse ; mais leur
sembloit un grand exploit, si ils pouvoient le roi
de France et leurs conquets mettre à sauveté en
la cité de Bordeaux. Si alloient-ils à petites journées, ni ils ne se pouvoient fort exploiter pour
la cause des pesants sommiers et du grand char-
roi qu'ils menoient ; et ne cheminoient point tous
les jours plus de quatre ou six lieues, et se
logeoient de haute heure. Et chevauchoient tous
ensemble sans eux dérouter, excepté la bataille
des maréchaux, le comte de Warwick et le comte
de Suffolk, qui alloient devant, à cinq cents armures, pour ouvrir les pas et courir le pays.
Mais ils ne trouvoient nul arrêt de nul côté, ni
nulle rencontre ; car tout le pays étoit si effrayé,
pour la grand'déconfiture qui avoit été à Poitiers,
et l'occision et la prise des nobles du royaume
de France, et de la prise du roi, leur seigneur,
que nul ne mettoit ordonnance, ni arroi en soi,
pour aller au devant ; mais se tenoient toutes
gens d'armes cois et gardoient leurs forteresses. »

Ce fut ainsi que l'armée anglaise s'avança len-
tement vers la Gironde, qu'elle traversa à Blaye.
Le prince de Galles entra enfin à Bordeaux, où
il se logea, avec le roi de France, son prisonnier,
dans l'abbaye de Saint-André.

Paris revit le dauphin dix jours après la bataille.

Rien ne saurait peindre la consternation qui
régnait dans la bonne cité, le trouble qui agi-
tait tous les esprits, la crainte qui remplissait
tous les cœurs.

Charles s'empressa de convoquer les états du
royaume en même temps qu'il prenait de vigou-
reuses mesures pour mettre la capitale à l'abri
de tous dangers : ainsi la réparation des murailles, l'agrandissement de l'enceinte du côté
du nord, afin de renfermer dans la ville des bourgs
populeux qui s'adossaient aux vieux murs de
Philippe-Auguste, la construction de remparts et
de créneaux, etc Etienne Marcel, prévôt des marchands, l'homme le plus considérable par son
mérite et sa position sociale qu'il y eût alors dans
la bourgeoisie française, dirigea les travaux avec
l'autorisation du dauphin.

Ce fut au milieu de ces préparatifs militaires que
s'ouvrirent les états. L'assemblée se composait
de plus de huit cents membres. « On n'en avait
jamais vu de si nombreuse et composée de
gens si sages. » Le tiers-état, plus nombreux que
les deux autres ordres, était dirigé par le prévôt
des marchands ; et le clergé, par Robert Lecoq,
évêque de Laon, qui ne faisait qu'un, pour ainsi
dire, avec Étienne Marcel. La noblesse, aba-
sourdie par ses revers, peu affectionnée au roi
et à ses fils, indécise sur la ligne de conduite
qu'elle devait suivre, perdit, dès le premier jour,
sa prépondérance accoutumée.

Après la séance d'ouverture qui fut faite
par le dauphin, on nomma quatre-vingts com-
missaires, qui se transportèrent au couvent des
Cordeliers, — le même où s'est tenu en 1789
le fameux club des Cordeliers, rue de l'École-
de-Médecine, — et qui délibérèrent sur les
résolutions à prendre, résolutions qui furent

soumises ensuite à l'examen des trois ordres.

Pour premier acte, ils repoussèrent de leurs séances trois conseillers royaux que le dauphin avait chargés d'y prendre part. Ils décrétèrent ensuite la mise en accusation des ministres, qui devaient être remplacés par un conseil de trente-six membres choisis dans les trois ordres, et demandèrent de grandes réformes dans l'administration et la liberté du roi de Navarre.

A ces conditions, l'assemblée promettait des secours d'hommes et d'argent pour repousser les Anglais.

Le dauphin, sans heurter de front les prétentions des états, prit un prétexte pour les congédier, promettant de les rappeler un peu plus tard.

Trois mois après, le désordre croissant de toutes parts dans le royaume, Charles de France dut de nouveau avoir recours à la nation. Les états s'ouvrirent le 23 mars 1357 et présentèrent les mêmes requêtes, ne cédant que sur un point, la liberté du roi de Navarre. Le dauphin voulut résister. Paris se souleva. Il fallut tout accepter.

La commission des *Trente-six*, armée d'une véritable dictature, entra aussitôt en fonctions. Elle gouverna Paris et le royaume. Étienne Marcel la dominait. Robert Lecoq devint le membre le plus influent du grand conseil, qui, entièrement renouvelé, se confondait presque avec la commission des Trente-six.

Sur ces entrefaites, le roi, toujours captif à Bordeaux, signa une trêve de deux ans.

On crut avoir tout gagné; mais la trêve ne

fut qu'un mot ; à la guerre des Anglais succéda
une guerre plus atroce : les milliers de soldats
des deux partis qui se voyaient sans emploi
pour deux ans, s'associèrent en troupes formidables, et , véritables bandits , entreprirent la
guerre pour leur propre compte « contre toutes
gens portant mallettes » (contre quiconque avait
malle ou cassette). Les routiers et les Brabançons du xii⁰ siècle reparaissaient sous le nom
trop fameux de *grandes compagnies.*

En même temps , la guerre civile éclatait à
Paris et dans les principales villes du royaume ,
les unes se soulevant contre la suppression du
subside de guerre, les autres contre le maintien
de ce même impôt.

Le dauphin profita des troubles pour se délivrer des Trente-six ; mais s'il avait su briser l'autorité dans leurs mains , il ne sut pas la rétablir
dans les siennes. Il fallut avoir encore recours
aux états. Marcel alors ne ménagea plus rien.
Ardemment dévoué au gouvernement libre qu'il
avait entrepris de fonder, il rêva un changement
de dynastie ...

Un conseil secret tenu, dit-on , entre le prévôt
et les échevins, l'évêque de Laon, le sire de Picquigny, baron picard et gouverneur de l'Artois,
et les députés de quelques villes, décida la mise
en liberté du roi de Navarre. Picquigny enleva
aussitôt Charles le Mauvais par surprise.

Charles le Mauvais accourut à Paris, où il
« prêcha une belle harangue au peuple. » Le duc
de Normandie s'empressa de se réconcilier avec
ce nouvel et dangereux ennemi. Il lui promit la

restitution de toutes les villes et châteaux qui
lui avaient été confisqués lors de son arrestation ;
mais les gouverneurs de ces villes et châteaux,
peut-être à l'instigation du dauphin, ne voulant
point se dessaisir en faveur du roi de Navarre
des places qui leur avaient été confiées, le roi
Charles prit les armes et rejoignit son frère Philippe de Navarre, qui n'avait point cessé de
guerroyer.

Plusieurs *compagnies* composées de Navarrais
et d'Anglais, de brigands de tous pays, se formèrent sous ses soins secrets dans la Normandie maritime, entre Seine et Loire, sur la
basse Loire. « Les hommes de proie semblaient
partout sortir de terre. Les bandes ne se conten-
tèrent plus de piller le pays plat, les villages,
les bourgades; elles attaquèrent et forcèrent les
petites villes. Nul n'osait aller par voies et chemins entre Paris et Orléans ni entre Paris et
Montargis : les enfants de la France souffraient
alors dommages, périls et maux infinis, parce
qu'il n'y avait point de bon gouvernement, et
que personne ne défendait le pauvre peuple, le
seigneur régnant (le duc de Normandie) ne
s'en souciant point ; c'est pourquoi beaucoup du
peuple des champs, n'osant plus habiter en leurs
villages, accouraient se mettre en sûreté dans
Paris avec leurs femmes, leurs enfants et leurs
autres biens. On vit arriver également à la file
les moines et les religieuses qui ne demeuraient
point en villes fermées; car les moutiers (cou-
vents) n'étaient pas plus épargnés que les chau-
mières. »

L'irritation de la multitude se tournait contre
le dauphin. Marcel excitait la multitude et organisait plus fortement le parti populaire. La
guerre civile éclata plus terrible. Les factieux
prirent pour signe de ralliement un chaperon
rouge et pers (bleu foncé) et des fermails ou
agrafes d'argent, mi-partie d'émail vermeil et
azuré, portant ce mot : *A bonne fin.*

En vain Charles de France voulut-il gagner
le peuple. Le peuple n'écoutait plus que Marcel,
ne se fiait plus qu'à Marcel, qu'il nommait son
sauveur....

Bientôt, des menaces, le prévôt passe aux
violences. Suivi d'une foule de *menus* (gens du
petit peuple) et de gens de métier qui avaient
pris le chaperon, il pénètre jusque dans le palais
du dauphin, fait massacrer Robert de Clermont,
maréchal de Normandie, et Jean de Conflans,
maréchal de Champagne, et force le malheureux
prince à se coiffer du chaperon. Charles quitte la
capitale, où Marcel est le véritable roi.

Tandis que ces tristes événements se passaient
à Paris, un immense cri de guerre s'élevait de
toutes les provinces : la *Jacquerie*, insurrection
des paysans contre les nobles. Une foule de seigneurs pris à Poitiers avaient bientôt été relâ-
chés par les Anglais, sous condition de fortes
rançons. Le paysan paya tout. « Chaque seigneur
tira de ses vilains libres la plus grosse aide qu'il
put ; quant aux serfs, aux taillables à merci, le
fouet, le cachot, les tortures, tout fut bon pour
leur extorquer du fond des entrailles leur dernier denier ; on répondait à leurs plaintes par

des coups et des *gausseries*. Jacques Bonhomme,
les gens d'armes appelaient ainsi le paysan,
Jacques Bonhomme a bon dos, il souffre tout! »
Si encore les nobles eussent seuls arraché aux
paysans le peu que ceux-ci possédaient! Mais,
après les nobles, vinrent les grandes compagnies,
qui, pillant, brûlant, massacrant tout sur leur
passage, les réduisirent au désespoir. Ils eurent
recours aux seigneurs qu'ils avaient rachetés au
prix de si énormes sacrifices, mais les seigneurs
se fortifièrent dans leurs châteaux sans daigner
écouter leurs plaintes.... Le 28 mai, les *menues
gens* de quelques villages du Beauvoisis et des
environs de Clermont s'assemblèrent et s'entre-
dirent que tous les nobles de France, chevaliers
et écuyers *honnissaient* et trahissaient le royaume,
et que ce serait grand bien de les détruire tous....
« Et chacun d'eux dit : Il est vrai! il est vrai!
Honni soit celui par qui il demeurera (il y aura
retard) que tous les gentilshommes ne soient
détruits! » Ils élurent pour chef *un très-rusé
paysan*, Guillaume Callet, du village de Merlot,
et, s'armant de couteaux, de cognées, de socs
de charrue, de bâtons, ils coururent aux châteaux,
massacrant à leur tour, pillant et brûlant.... « En
peu de jours, l'insurrection se répandit dans tous
les sens avec la rapidité de l'incendie qui court
sur une plaine couverte d'herbes sèches.... »

Les nobles étaient dans la stupeur. « Les ani-
maux de proie ne seraient pas plus étonnés, si
les troupeaux qu'ils sont habitués à déchirer sans
résistance se retournaient tout à coup contre eux
avec furie.... » Enfin, ils songèrent à se dé-

fendre , se réfugièrent dans les villes fermées et marchèrent contre les vilains. Un grand combat eut lieu à Meaux. Les Jacques furent vaincus. « Les gens d'armes les abattoient à grands monceaux, dit Froissart, et en tuèrent tant, qu'ils en étoient tout lassés et les faisoient saillir (sauter) en la rivière de Marne. Ils en mirent à fin plus de sept mille. »

Ce premier combat fut décisif. Les nobles , revenus de leur effroi , s'armèrent de toutes parts , et le désespoir passa du côté des paysans. Alors des cantons entiers furent dépeuplés ; car les gentilshommes coururent la France , incendiant les villages , tuant les vilains et les serfs , coupables ou non. « Si grand mal fut fait par les nobles de France , qu'il n'était pas besoin des Anglais pour détruire le pays ; car, en vérité, les Anglais , ennemis du royaume , n'eussent pu faire ce que firent les nobles du dedans. »

Le résultat de la Jacquerie fut de donner une armée au régent; la noblesse une fois levée resta sous les armes, et Charles, se plaçant à la tête de ses barons, vint asseoir son camp sous les murs de Paris.

Ce fut alors qu'Étienne Marcel , craignant que le pouvoir ne lui échappât, proposa à Charles le Mauvais de lui livrer la capitale et de le faire proclamer roi de France.... Dans le même temps, Charles traitait avec les Anglais du partage du royaume.... Il suspendit son pacte avec l'insulaire , et s'apprêta à tenter l'aventure avec Marcel.

C'était dans la nuit du 31 juillet au 1er août

que le prévôt des marchands devait ouvrir la
porte de la bastille Saint-Antoine au roi de Navarre et aux Anglais ; car les Anglais, au mépris
de la trêve, continuaient réellement la guerre en
combattant sous les bannières de Charles le Mauvais. Cette même nuit, devait éclater un autre
complot : Jean Maillard, l'un des quatre capitaines quarteniers, chefs électifs de la milice
bourgeoise, Pépin des Essarts et quelques autres
avaient résolu de soulever le peuple en faveur
du régent.

Les chefs des deux complots se rencontrèrent
à la bastille Saint-Antoine au moment suprême.
Minuit alloit sonner, dit Froissart, déjà Marcel
avoit les clefs dans la main.... — Étienne, Étienne,
cria Jean Maillard en arrivant avec les siens,
que faites-vous ici à cette heure ? — Jehan, que
vous importe de le savoir ? Je suis ici pour
prendre garde de la ville dont j'ai le gouvernement. — Il ne va mie ainsi, répondit Jean Maillard ; mais n'êtes ici à cette heure pour nul bien,
et je vous le montre, dit-il à ceux qui étoient
près de lui, comme il tient les clefs des portes
en ses mains pour trahir la ville ! — Jehan, vous
mentez ! — Traître, c'est vous qui mentez, répondit Jean Maillard. Et tantôt (aussitôt) férit à
lui (frappa sur lui), et dit à ses gens : A la mort !
à la mort ! tout homme de son côté, car ils sont
traîtres !

« Lors eut grand hutin et fort, et volontiers
eût fui le prévôt ; mais il fut si hâté (serré de
près), qu'il ne put ; car Jehan Maillard le férit
d'une hache sur la tête et l'abattit à terre,

et ne se partit de lui tant qu'il eut occis. »

Paris fut ouvert au régent.

Le même jour, Charles le Mauvais traitait avec Édouard et resserrait ses alliances avec tous les chefs de compagnies.

La désolation se répandit de nouveau sur la France. « Les céréales, les légumes, les vignes ni l'herbe touffue des prés ne réjouissoient plus les yeux des hommes : on ne voyoit partout qu'orties et chardons ; on ne voyoit qu'églises croulantes, que ruines noircies par l'incendie ; on n'entendoit plus la voix sonore des cloches, sinon lorsque bondissoit le sinistre tocsin.... »

Dans quelques lieux cependant, les paysans se défendaient avec l'héroïsme du désespoir. Tout le monde sait l'histoire du grand Ferré, que les collecteurs d'anecdotes ont tirée de la belle chronique du continuateur de Nangis.

Les habitants du village de Saint-Corneille, près Compiègne, et des villages voisins, s'étaient retranchés dans un petit fort, voisin de l'abbaye de Saint-Corneille, sous le commandement d'un fermier nommé Guillaume l'Alouette, homme résolu et fort aimé dans le pays. Guillaume avait avec lui son valet de ferme, qu'on appelait le *grand Ferré*, espèce de géant d'une taille et d'une force prodigieuses ; du reste, aussi humble de cœur que simple d'esprit. Les aventuriers de la garnison de Creil envoyèrent un détachement pour prendre le fort Saint-Corneille ; les bandits entrèrent par surprise et commencèrent par massacrer l'Alouette ; à cette vue, le grand Ferré prend une lourde hache, et, suivi des plus

hardis paysans, il se jette sur les Anglais. A
chaque coup, il abattait un bras ou fendait une
tête, et ses compagnons, l'imitant de leur mieux,
frappaient sur les Anglais comme s'ils eussent
battu leur blé dans l'aire. Le grand Ferré en as-
somma plus de quarante à lui seul; les autres
s'enfuirent. Les paysans furent si fort enhardis
par leur victoire, qu'un second détachement
étant venu venger le premier, ils sortirent au-
devant des ennemis en pleine campagne. Les
Anglais furent traités comme l'avaient été leurs
devanciers. Les paysans ne voulurent prendre
personne à rançon; ils tuèrent tous ceux qu'ils
purent attraper, « afin de les mettre hors d'état
de mal faire. » Cependant, le grand Ferré s'était
fort échauffé dans ce second combat; il but beaucoup d'eau froide et fut pris de la fièvre. Il retourna dans son village et s'alita. Les gens de
Creil apprirent bientôt sa maladie et députèrent
douze soldats pour le tuer; mais le grand Ferré,
averti par sa femme, eut le temps d'empoigner
sa bonne hache et de sortir dans sa cour. « Ah!
larrons, cria-t-il aux Anglais, vous croyez me
prendre dans mon lit; mais vous ne me tenez
pas encore! » Il s'adossa au mur, leva sa hache
cinq fois et abattit cinq Anglais morts sur la
place; les sept autres se sauvèrent à toutes
jambes. Il se remit au lit et but encore de l'eau
froide; la fièvre redoubla; il reçut les sacrements et mourut, pleuré de tout le pays.

Le peuple nommait les bandits des grandes
compagnies les *Anglais*, parce qu'un grand
nombre de ces aventuriers étaient effectivement

des sujets d'Édouard, bien qu'Édouard, à cause
de la trêve jurée, n'osât ni applaudir ouverte-
ment aux entreprises des compagnies ni avouer
son alliance secrète avec le roi de Navarre.

Le régent essaya d'avoir aussi ses brigands. Il
loua des mercenaires lombards. Les Lombards,
mal payés de leurs gages, ne se battirent guère,
pillèrent beaucoup et finirent par s'associer aux
rivaux qu'ils étaient chargés de combattre et
dont ils enviaient les exploits.

Cependant, le roi Jean, ennuyé de sa captivité,
avait signé un traité avec Édouard. Pour prix de
sa liberté, il lui cédait, en toute souveraineté,
à lui et à ses héritiers, Calais, Guines, Boulogne, le Ponthieu, la Normandie, la mouvance
de la Bretagne, l'Anjou, le Maine, la Touraine,
le Poitou, la Saintonge, le Rochellois, la
Guyenne, le Périgord, le Limousin, le Quercy,
l'Agénois et le Bigorre, c'est-à-dire toute la
moitié occidentale de la France, tous les ports,
toute la région maritime, et 4 millions d'écus
d'or.

A la nouvelle de ce traité, le peuple s'écria d'une
seule voix « qu'il valoit mieux que le roi Jehan
demeurât en Angleterre que de défrauder ainsi
le noble royaume de France; » et il rejeta le
traité. Édouard menaça et dit « qu'il entreroit
en France à grand'puissance avant l'hiver, et y
demeureroit tant qu'il auroit fin de la guerre ou
paix à son plaisir. »

Il débarqua effectivement à Calais le 28 octobre, traversa l'Artois, le Cambrésis, le Vermandois, le Laonnais, et ne s'arrêta que devant

Reims, où il prétendait, dit-on, se faire sacrer roi de France. La ville était bien *remparée*, bien gardée; elle résista.

Après quarante jours, le roi leva le siége, vint camper à Châtillon, près de Montrouge, à une lieue de Paris, et envoya ses hérauts demander paix ou bataille au duc de Normandie. Le duc de Normandie ne *s'accorda* ni à la paix ni à la bataille, et Édouard, sentant son armée bien fatiguée pour tenter une *emprise* telle que le siége de Paris, entra dans la Beauce pour gagner la Bretagne, « où il se rafraîchiroit tout cet été, et tantôt, sur les vendanges, il retourneroit en France mettre le siége devant Paris et laisseroit ses gens, par ces forteresses qui garde faisoient pour lui en France, en Brie, en Champagne, en Picardie, en Ponthieu, en Vimeux, en Vexin et en Normandie, si (tellement) tanner (tourmenter) et fouler les cités et bonnes villes, que de leur volonté elles s'accorderoient à lui. »

Le régent, effrayé de ce plan hautement annoncé, renoua les négociations pour la paix.

Les *traiteurs* français et anglais se réunirent à Brétigny, à quelques lieues de Chartres. « Le roi d'Angleterre fut dur à entamer. » Il s'en voulait tenir au traité de Londres, et il y avait peu d'espoir que l'on pût s'entendre, lorsqu'un événement extraordinaire « humilia et brisa le courage du roi anglais. »

« Tandis que les traiteurs préchoient ledit roi et son conseil, et encore nulle réponse agréable n'en avoient, un orage et une effondre (tempête) si grande et si horrible descendirent du ciel en

l'ost d'Angleterre, qu'il sembloit que le siècle
(le monde) dût finir ; car il chéoit si grosses
pierres et grêles, qu'elles tuoient hommes et
chevaux, et en furent les plus hardis tout ébahis.
Adonc regarda le roi d'Angleterre devers l'église
Notre-Dame de Chartres, et voua dévotement à
Notre-Dame qu'il s'accorderoit à la paix. »

Par le traité de Brétigny, signé le 8 mai 1360,
Édouard renonça au trône de France et aux anciennes possessions des Plantegenets au nord
de la Loire, moyennant l'abandon en toute souveraineté du duché de Guyenne-et-Gascogne, y
compris l'Agénois, le Périgord, le Rouergue, le
Quercy et le Bigorre ; plus, la cession du Poitou,
de la Saintonge, de la Rochelle, du Limousin, de
Montreuil-sur-Mer, de Calais, de Guines et leurs
dépendances, et la restitution du Ponthieu. Les
comtes de Foix, d'Armagnac, de Comminges, de
Périgord, de l'Isle-Jourdain, le vicomte de Limoges
et tous les seigneurs des Pyrénées, et les barons
d'Aquitaine, devaient renoncer à la suzeraineté
du roi de France pour celle du roi d'Angleterre.
La rançon du roi fut fixée à 3 millions d'écus d'or
payables en six termes égaux, d'année en année.
Jean devait être provisoirement amené à Calais
et recouvrer sa liberté au paiement des premiers
500,000 écus ; il devait fournir des otages pour
la garantie du paiement intégral.

Ainsi se termina la première période de la
guerre de Cent ans.

« Elle n'avait été, dit M. Henri Martin, qu'une
longue suite de désastres pour le royaume, et

la France, échappée sanglante et mutilée de cette lutte fatale, avait un tel besoin de repos, qu'elle reçut comme un bienfait du ciel la triste paix de Brétigny. Le clergé de Paris alla au-devant des ambassadeurs anglais qui apportèrent le traité à signer au régent; on chanta le *Te Deum* à Notre-Dame; on joncha les rues d'herbes et de fleurs; on les tapissa de riches tentures comme aux jours des grandes fêtes. Un tel accueil fait à un traité qui rejetait la France en deçà de Philippe-Auguste, dit tout sur le profond abaissement où l'avaient précipitée les Valois. »

On vendit une princesse du sang, Isabelle, fille du roi, à Galéas Visconti, seigneur de Milan, pour son fils Jean Galéas, afin de pourvoir au premier paiement de la rançon du roi.

Avec son roi, ne revint point le bonheur pour la France. Quel bonheur possible avec les grandes compagnies, les Anglais, la peste?...

La paix augmenta le nombre des bandits. Non-seulement les mauvais Français, les Anglais et les Navarrais continuèrent à piller et à rançonner les habitants des campagnes et des petites villes, mais des nuées de Lorrains, de Brabançons et d'Allemands, de Gascons et de Bretons, vinrent les rejoindre; « ils se nommaient les Tard-Venus, parce qu'ils avaient encore peu pillé au royaume de France. »

Ce n'était pas sans douleur non plus, sans déchirement, que s'opérait la séparation des provinces cédées au roi Édouard. Les habitants du Poitou et de la Saintonge « ne se vouloient pour rien accorder à devenir Anglois. » Ils n'obéirent

qu'aux *grandes et affectueuses instances* de Jean.
« Nous aourerons (prierons) les Anglois des
lèvres, disaient ces braves gens ; mais les cœurs
ne s'en mouveront pas. »

La peste noire enfin reparut et vint mettre le
comble à tant de misères et de maux, achever,
dit un historien, l'agonie de la France.

Ce fut au milieu de tant de calamités que le
roi Jean quitta de nouveau la France pour aller
reprendre ses fers en Angleterre, d'où l'un de ses
otages s'était évadé. Il y mourut bientôt, laissant
le trône à ce même duc de Normandie qui avait
gouverné le royaume après la bataille de Poitiers,
et qui devait sauver la France.

IV.

L'avénement de Charles V au trône fut marqué par une brillante victoire.

Pour ôter au Navarrais les moyens de lui nuire, Charles, n'étant encore que dauphin, avait, profitant du séjour de Charles le Mauvais au delà des Pyrénées, de la mort de Philippe de Navarre et de l'absence du captal de Buch, fameux chevalier gascon chargé de remplacer Philippe dans la capitainerie des provinces navarraises, avait, dis-je, fait attaquer et prendre les places importantes de Mantes et de Meulan.

Les capitaines chargés de cette expédition étaient Boucicaut, maréchal de France, et un chevalier breton qui devait s'immortaliser dans la guerre contre les Anglais, Bertrand du Guesclin.

Quelques jours après la prise des deux villes, on apprit l'arrivée à Cherbourg du captal Jean de Grailly et du capitaine anglais Jouël. Charles V,

Négard & Cⁱᵉ · Le Siège de Calais.

Pour le fils de Sainte Marie, et pour l'amour
de moi, veuillez avoir de ces six hommes merci.

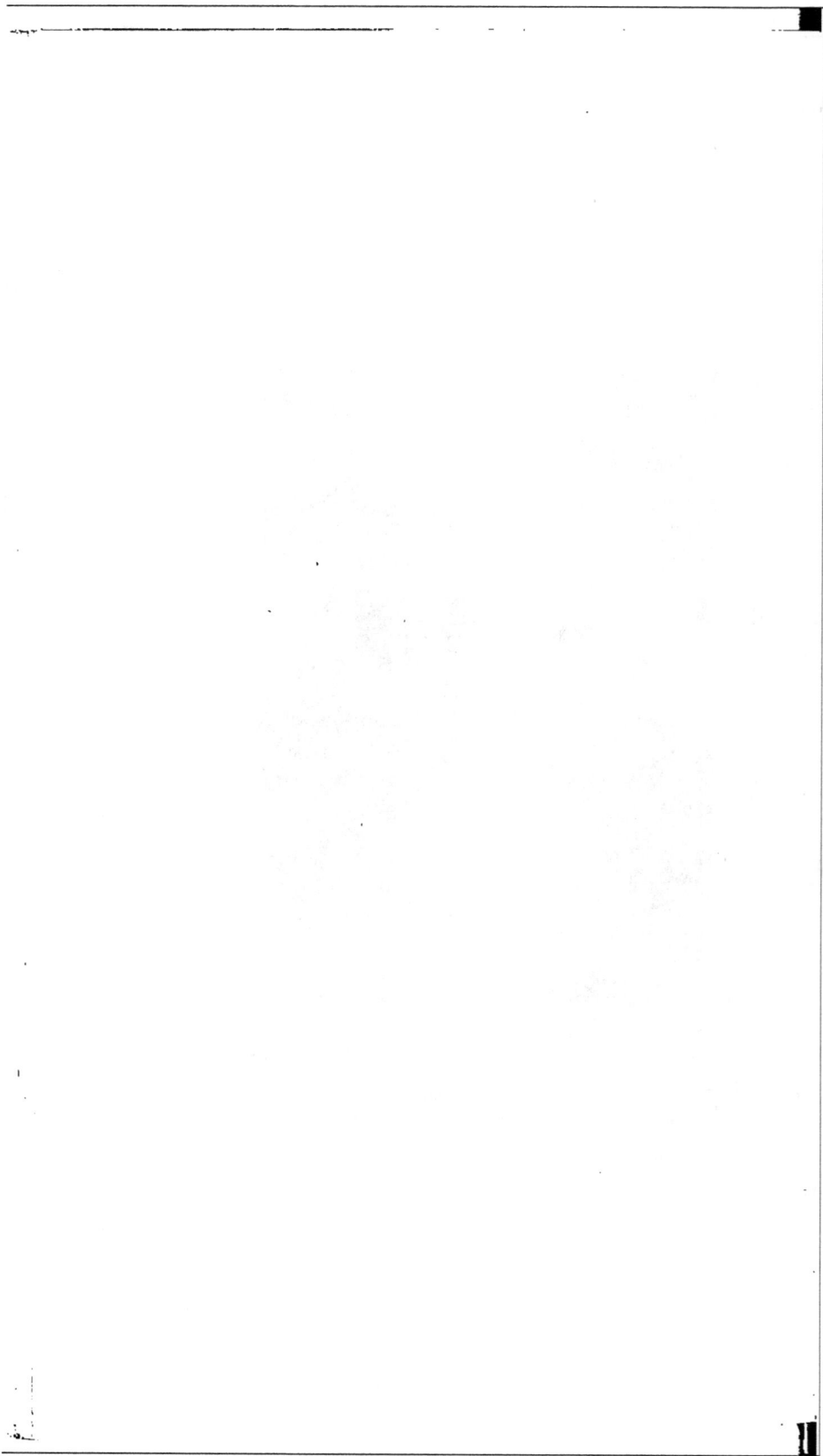

qui se préparait à son sacre, ordonna à du Guesclin de quitter Mantes et de se porter avec ses
Bretons contre les Navarrais. Du Guesclin les
rencontra à Cocherel.

« Amis, cria-t-il à ses soldats, souvenons-nous
que nous avons un nouveau roi de France et
qu'il faut que nous étrennions aujourd'hui sa
noble royauté. » Français et Bretons se battirent
en héros. Jean de Grailly fut fait prisonnier.

La nouvelle de la victoire de Cocherel arriva à
Reims la veille du couronnement.

Le traité de Brétigny n'avait pas mis fin à la
guerre de Bretagne, et, de fait, les hostilités
continuaient dans ce pays entre la France et l'Angleterre, puisque le roi de France soutenait par
les armes les droits des Penthièvre, et Édouard,
ceux de la maison de Montfort.

Cette guerre, suspendue pendant quelque
temps par d'inutiles négociations, recommença,
dès l'avénement de Charles V, plus acharnée et
plus terrible. Charles envoya en Bretagne mille
lances commandées par Bertrand du Guesclin ;
le prince de Galles, qui tenait sa cour à Bordeaux, envoya, de son côté, à Montfort un illustre
capitaine anglais, Jean Chandos. Les deux armées se rencontrèrent près d'Auray, que Montfort assiégeait et que Charles de Blois voulait
délivrer. Le combat fut long et terrible ; mais si
la valeur fut égale des deux côtés, la prudence
ne le fut pas. Les gens de Montfort conservèrent
avec soin *l'ordonnance* que leur avait donnée Jean
Chandos ; les gens de Blois gardèrent mal *le bel
arroi* où les avait mis Bertrand du Guesclin. Se

laissant emporter par leur folle ardeur, ils furent accablés. « Là, fut morte ou prise toute la fleur de la chevalerie qui tenoit le parti de Blois ; la bannière de monseigneur Charles (Charles de Blois) fut conquise et jetée à terre, et lui-même occis.... »

La même année (1364), le traité de Guérande pacifia la Bretagne, après vingt-trois ans de la plus horrible guerre. Le duché était assuré à la maison de Montfort.

Peu après, le traité de Pampelune mit un terme aux coupables entreprises de Charles le Mauvais.

Cette double paix ne soulagea pas le royaume. « Les gens d'armes sans emploi allèrent grossir les compagnies, et tous ces compagnons, qui avoient appris à vivre de pillage, ne pouvoient ni ne vouloient s'en abstenir ; tout leur recours étoit en France, et ils appeloient le royaume de France leur *chambre*. Pour l'Aquitaine, ils n'o-soient y *converser* ; car le prince de Galles ne les y eût mie soufferts ; et, d'ailleurs, la plupart de leurs capitaines étoient Anglois et Gascons et hommes au roi d'Angleterre ou au prince ; de quoi moult de bonnes gens au royaume de France murmuroient contre le roi d'Angleterre et le prince. »

Il fallait, pour rendre véritablement la tranquillité à la France, se débarrasser des compagnies ; mais le moyen ? Les exterminer, c'était impossible ; les mettre aux prises les unes avec les autres n'eût amené aucun résultat : elles se fussent ménagées pour éterniser la guerre. On

songea à la conquête de la Palestine ; ce projet
ne pouvait plaire à des bandes qui ne cher-
chaient point la gloire, mais le butin. On dut
aviser une autre voie. Du Guesclin, qui avait été
fait prisonnier à Auray, mais dont le roi venait
de racheter la liberté, moyennant une rançon de
100,000 livres, se fit le chef de ces aventuriers
et les entraîna en Castille.

En ce temps-là, régnait sur la Castille le roi
Pierre ou Pèdre le Cruel, *de mauvaises opinions
plein*, détesté de ses sujets, protecteur des Juifs,
allié des Maures, « rebelle à tous les commande-
ments de sainte Église. » Henri de Transtamare,
son frère, lui disputait la couronne.

Du Guesclin et ses aventuriers appuyèrent par
leurs armes les prétentions de ce prince. Tout
plia devant eux, et Pierre, aussi lâche qu'il était
inhumain, s'enfuit auprès du prince de Galles,
qui commandait la Guyenne au nom de son père.
Par générosité ou par ambition, l'Anglais se déclara son protecteur, franchit les Pyrénées, et
marcha avec don Pèdre contre le comte de Transtamare. Henri, malgré les avis de du Guesclin,
présenta la bataille au Prince Noir dans les environs de Navarette ; il fut défait ; le héros breton
tomba entre les mains des Anglais, et Pierre remonta sur le trône.

Le prince de Galles ne fut payé de ce bienfait
que par l'ingratitude. Le roi de Castille devait
solder ses troupes et lui abandonner la Biscaye ;
nulle promesse ne fut tenue. L'Anglais abandonna don Pèdre.

Henri de Transtamare reprit courage. Une

autre circonstance se présenta, qui servit ses
nouveaux projets. Du Guesclin était dans les fers
du Prince Noir depuis Navarette ; Édouard lui
rendit la liberté par bravade, disent les historiens. Un jour qu'on *devisait* de chevalerie à la
cour de Bordeaux, des chevaliers rapportèrent
qu'on disait de par le monde que le prince de
Galles n'osait relâcher Bertrand, *de peur d'en être
empiré et grevé*. Le prince *mua* de couleur, fit
amener du Guesclin, et lui ordonna de fixer lui-
même sa rançon au moindre prix qu'il voudrait.
Le Breton se taxa fièrement à 100,000 roubles
d'or. « Cent mille roubles ! s'écria le prince ; et
d'où les pourrez-vous assembler? — Sire prince,
répliqua Bertrand, Henri d'Espagne en paiera la
moitié et le roi de France l'autre ; et si je ne
pouvois avoir la somme de ces deux-ci, n'y a file-
resse (fileuse) en France qui sache fil filer, qui
ne gagnât ma finance à filer pour me mettre hors
de vos lacs. »

A peine en liberté, du Guesclin alla rejoindre
Henri de Transtamare avec 2,000 hommes. Ils
atteignirent Pierre à Montiel et le vainquirent.
Le tyran fut conduit à son frère, qui le tua de sa
propre main.

Les aventuriers que le prince de Galles avait
pris à sa solde pour soutenir Pierre le Cruel
étaient rentrés avec lui en Guyenne. Il les en
chassa, après leur avoir distribué, pour leur
paiement, tout ce qu'il avait d'argent et sa propre
vaisselle. Les capitaines anglo-gascons, *ne voulant
mie courroucer le prince*, vidèrent sa principauté
avec leurs bandits, retournèrent en France, *leur*

chambre, et y firent de plus grands maux et tribulations que par le passé ; d'autres mauvaises gens, dont le nombre toujours croissait, se joignaient à eux à mesure qu'ils avançaient dans le royaume. Ils étaient plus de trente mille en arrivant dans les pays entre Seine et Loire.

Ce furent des cris de désolation, quand on vit reparaître en France ces terribles bandits, des cris de haine, de vengeance contre les Anglais. La horde dévastatrice, car les trente mille brigands marchaient sous le commandement du même chef, n'était désignée par le peuple que sous le nom de l'*ost d'Angleterre ;* les traînards qui se laissaient prendre disaient, pour leur défense, que c'était le prince de Galles qui les avait envoyés en France. Charles V voyait avec joie grandir le ressentiment national et l'excitait encore secrètement. Ce qu'il voulait, c'était une rupture avec l'Angleterre, c'était effacer la honte du traité de Brétigny.

Mais la haine des masses ne suffisait point pour reprendre les armes ; il fallait un motif plausible, raisonnable.

Une circonstance favorable ne tarda point à se présenter.

Édouard (le prince de Galles), pour « apaiser le grand argent qu'il devait, » accabla la Guyenne de nouveaux impôts. Le pauvre peuple éclata en murmures et en gémissements ; les seigneurs en appelèrent hautement au roi de France. Cette démarche éclatante comblait les vœux de Charles V. Les renonciations stipulées au traité de Brétigny ne s'étant point faites, il cita, en qualité de suzerain, le Prince Noir à la cour des pairs.

« Charles, par la grâce de Dieu, roi de France,
à notre neveu, le prince de Galles et d'Aquitaine,
salut.

« Comme ainsi soit que plusieurs prélats, barons, chevaliers, universités, communes et col-
léges des marches et limitations du pays de Gascogne..., avec plusieurs autres des pays et duché
d'Aquitaine, se soient tirés par-devers nous en
notre cour, pour avoir droit sur aucuns griefs et
molestes (molestations) indues, que vous, par
faible conseil et simple information, leur avez
proposé à faire, de laquelle chose sommes tout
émerveillés; donc, pour obvier et remédier à ces
choses, nous nous sommes ahers (alliés) et aher-
dons avec eux, tant que, de notre majesté royale
et seigneurie, vous commandons que vous veniez
en notre cité de Paris, en propre personne, et
vous présentiez devant nous en notre chambre
des pairs, pour ouïr droit sur lesdites com-
plaintes et griefs émus de par vous à faire sur
votre peuple, qui clame à avoir ressort en notre
cour..... Et soit au plus hâtivement que vous
pourrez. Donné à Paris, le vingt-cinquième jour
du mois de janvier (1369). »

« Quand le prince de Galles eut ouï lire cette
lettre, il branla la tête, regarda de côté sur les
deux messagers, et, après avoir un peu pensé, il
dit : « Nous irons volontiers à notre ajournement
« à Paris, puisque mandé nous est du roi de
« France ; mais ce sera le bassinet en tête et
« soixante mille hommes en notre compagnie. »
Tout semblait favorable à la France : l'opinion

du peuple, l'immense désir des provinces cédées
par le traité de Brétigny de redevenir françaises,
des alliances avec la Flandre et la Castille.

Le prince de Galles avait fait tuer odieusement
deux nobles chevaliers qui lui avaient apporté
les lettres de citation de Charles V. Charles se
vengea en dépêchant un simple varlet de cuisine
au roi Édouard pour sa déclaration de guerre.
La nature du message et le choix du messager
surprirent également l'Anglais. « La guerre entre
si hauts seigneurs n'étoit défiée d'habitude que
par gens notables, tels que grands prélats ou
vaillants hommes, évêques ou barons. » Édouard
laissa repartir le varlet sain et sauf.

Pendant ce temps, Charles V assemblait les
états du royaume, afin d'obtenir l'assentiment
de la nation à la guerre ; il en était assuré à
l'avance. Il mettait aussi sa grande entreprise
sous une protection plus efficace et plus puissante. Chaque jour avaient lieu dans Paris des
processions où il allait en personne « et madame
la reine aussi, pieds nus et déchaux, afin de re-
quérir dévotement Dieu qu'il voulût entendre aux
faits et besognes du royaume. »

Le jour même de la déclaration de guerre,
Abbeville ouvrit ses portes aux Français, et, en
moins d'une semaine, tout le Ponthieu, sauf une
seule forteresse, fut affranchi des Anglais presque
sans combat.

La guerre ne s'était pas engagée moins heureusement en Aquitaine ; le Quercy et le Rouergue
se *tournèrent Français*, et les compagnies gasconnes, qui avaient ravagé la France une année

6.

durant, passèrent sous les drapeaux de Charles V.

En Normandie, le roi de France « faisoit un grand appareil de nefs, de barges et de vaisseaux sur le port de Harefleu (Harfleur) et sur la rivière de Seine. » On parlait d'une descente en Angleterre ; mais le but principal de Charles V était sans doute d'empêcher Édouard III d'envoyer une armée au secours du prince de Galles.

Enfin l'insulaire songea à se défendre. Il assembla son parlement, qui lui donna des secours d'hommes et d'argent, lui conseillant de reprendre le titre de roi de France et de reconquérir son héritage.

Plusieurs armées anglaises débarquèrent alors en France, faisant échouer le projet de descente en Angleterre. « Le roi et son conseil jugèrent mieux séant, puisque les Anglois étoient deçà la mer, de les requerre et combattre que d'aller en Angleterre. »

La grande armée féodale de la France s'était portée vers le Nord, sous le commandement de Philippe le Hardi, duc de Bourgogne. Le roi ayant positivement défendu les batailles rangées, les nobles, qui ne rêvaient que prouesses et combats et qui ne pouvaient se résigner à une guerre d'escarmouches, ne tardèrent point à demander leur licenciement ; il leur fut accordé.

Au midi de la Loire, les Anglais retrouvèrent des victoires avec l'illustre Chandos ; mais Chandos, « le plus courtois chevalier, le plus plein de toutes nobles vertus qu'eût produit l'Angleterre depuis cent ans, » fut tué dans un combat obscur, et Anglais et Aquitains qui tenaient pour Édouard tombèrent dans un profond découragement.

Les hostilités continuèrent durant tout l'hiver. On combattait de garnison à garnison, de château à château. Tout l'avantage resta aux Français.

Le conseil du roi résolut pour l'été « deux grosses armées et chevauchées en Aquitaine. Encore (de plus) fut proposé et avisé qu'on manderoit de Castille messire Bertrand du Guesclin, qui si vaillamment et loyaument s'étoit combattu pour la couronne de France, et qu'il seroit prié qu'il voulût être connétable de France. »

Heureux de servir son pays, du Guesclin quitta la Castille, où le nouveau roi l'avait investi du duché de Molina. Il rejoignit le duc d'Anjou à Toulouse et tint la campagne avec lui.

Cette campagne fut des plus brillantes. Les deux chefs s'avancèrent *triomphamment* jusqu'à cinq lieues de Bordeaux. Toutes les villes, sur leur passage, se rendaient ou se *tournaient* volontairement françaises : ainsi Moissac, Agen, Tonneins, Aiguillon, Limoges, etc.

Le prince de Galles, presque mourant, jura de *terrifier* les méridionaux par un grand exemple. Il laissa s'éloigner les Français et se fit *charrier en litière, car il ne pouvoit chevaucher,* jusque sous les murs de Limoges. Il tint cette ville bloquée pendant tout un mois, faisant activement miner les remparts. Enfin un pan de muraille s'écroula.... Les Anglais s'élancèrent dans la cité rebelle et immolèrent hommes, femmes, enfants.... « Hommes, femmes, enfants se jetoient à deux genoux devant le prince et crioient : Merci, gentil prince ! » Mais le prince n'eut point de pitié. « On ne cessa mie à tant que la cité ne fût courue robée, arse et mise à destruction. »

Tel fut le dernier triomphe du célèbre Prince Noir.... Peu après, il devait à jamais quitter la France.

Tandis que les Français envahissaient l'Aquitaine, Robert Knolles, simple soldat *d'aventure* que ses talents militaires avaient élevé au commandement d'une armée anglaise, parcourait, le fer et la flamme à la main, l'Artois, la Picardie et la Champagne, poussait jusqu'aux confins de la Bourgogne et se repliait sur Paris. Il brûla tous les environs de la capitale. « Le roi pouvoit bien voir de son hôtel Saint-Pol les feux et les fusées que faisoient ses ennemis ; mais il ne voulut souffrir que ses chevaliers ississent (sortissent). Le sire de Clisson, qui étoit le mieux cru de tout son conseil, lui disoit : — Sire, vous n'avez que faire d'employer vos gens en (contre) ces forcenés ; laissez-les aller et se fouler (se fatiguer) ; ils ne vous peuvent tollir votre héritage par fumières. »

A peine Robert Knolles s'était-il retiré, que Bertrand du Guesclin entrait dans Paris aux cris mille fois répétés de Noël ! Noël ! Le roi présenta au héros breton l'épée de connétable. « Bertrand s'excusa lors grandement et sagement, et dit qu'il étoit un pauvre homme et petit bachelier et de basse venue (de basse naissance) au regard des grands seigneurs de France, et qu'il n'oseroit commander, comme il convient à l'office de la connétablie, sur les frères, neveux et cousins du

roi, lorsqu'ils auroient charges de gens d'armes
en osts et chevauchées. — Messire Bertrand,
dit le roi, ne vous excusez point par cette voie ;
car je n'ai frère, cousin, ni neveu, ni comte, ni
baron en mon royaume qui n'obéisse à vous ; et
si nul y contredisoit, il me courrouceroit tellement, qu'il s'en apercevroit.

« Messire Bertrand connut bien qu'excusances
ne valoient rien et s'accorda finalement au pouvoir
du roi, et fut pourvu de la connétablie, à la
grand'joie de toute la chevalerie de France. »

Bertrand du Guesclin et Olivier de Clisson,
son ami, poursuivirent Knolles, qui avait gagné
le Maine. Ils écrasèrent plusieurs de ses *routes*
(troupes) qui marchaient éloignées les unes des
autres, forcèrent l'aventurier à quitter la partie
et continuèrent leur brillante *chevauchée* en Limousin et en Auvergne.

En 1371, la guerre fut poussée moins vivement, et Édouard III obtint de grands succès di-
plomatiques : la neutralité de la Flandre et l'alliance de la Bretagne. En Flandre, c'était le
peuple qui favorisait l'Angleterre, à cause des
belles laines qu'elle tirait de cette contrée ; en
Bretagne, c'était le comte qui se donnait aux
Anglais de cœur et d'âme. Montfort avait gardé
souvenir des bons offices d'Édouard III, mais il
avait mis en oubli la foi et l'hommage qu'il avait
jurés à son *droiturier seigneur*.

Les années suivantes, le connétable continua
avec succès la lutte dans le Poitou, le Berry,
l'Angoumois, la Bretagne....

Cependant Édouard, faisant un dernier et suprême effort, envoya en France une armée de trois mille lances et de dix mille archers, sous les ordres des ducs de Lancastre et de Bretagne.

Cette armée débarqua à Calais vers la fin de juillet 1373, et se mit sur-le-champ en campagne. « Elle franchit la Somme, puis l'Oise, puis l'Aisne, puis la Marne, puis l'Aube, puis la haute Seine, puis la Loire. » De grandes troupes de gens d'armes français cotoyaient sans cesse l'ennemi et tuaient ou prenaient tous les détachements qui s'écartaient du gros de l'armée. La fatigue, la faim, le froid achevèrent de ruiner cette formidable armée. A Calais, les Anglais avaient plus de trente mille chevaux; à Bordeaux, « ils n'en purent mettre six mille. »

Au printemps suivant, le duc de Lancastre retourna en Angleterre, et plus de quarante villes ou châteaux d'Aquitaine se rendirent au roi de France.

Dans ces tristes circonstances, Édouard III accueillit avec empressement la médiation du pape Grégoire XI, et pourtant il ne voulut se désister en rien de ses folles prétentions, l'exécution pleine et entière du traité de Brétigny. On conclut seulement une trêve de deux ans.

A la faveur de cette trêve, les deux Édouard descendirent en paix, mais non sans douleur, dans la tombe. Les revers de leurs armes, la misère du royaume d'Angleterre, tout, jusqu'au souvenir de leur prospérité passée, dut remplir d'amertume leurs derniers moments. Ils laissaient la couronne à un enfant, Richard II, au moment où allait recommencer une guerre dont leur pays ne pouvait attendre que de nouveaux malheurs....

Messire Édouard, prince de Galles et d'Aquitaine, « fleur de toute chevalerie du monde en ce temps, » dit Froissart, avait *trépassé* le 8 juin de l'année 1376. Son père *trépassa* le 21 juin de l'année 1377.

Le 24 juin, « trois jours après que ce grand ennemi de la France eut rendu le dernier soupir, » la trêve expira, et la flotte combinée de France et de Castille parut sur les côtes d'Angleterre. Elle y promena pendant plus de deux mois la terreur et la dévastation, pillant et brûlant les villes de second ordre, rançonnant et massacrant les habitants. « Les Anglais apprenaient à leur tour à connaître les misères qu'ils avaient si longtemps infligées au continent. » La flotte revint mouiller devant Calais, que le duc de Bourgogne investissait par terre; mais des vents contraires ayant rejeté les Français et les Castillans sur les côtes de Normandie, il n'y eut moyen de rien entreprendre.

Charles s'était mis en mesure de prendre partout l'offensive, dans le Nord, l'Ouest et le Midi, en Normandie, en Bretagne et en Aquitaine. Ses succès furent tels, qu'à la fin de la campagne de 1377, les possessions anglaises étaient réduites, au midi de la Loire, à Bordeaux, Bayonne, Dax, Mortagne-sur-Mer, Bazas, et quelques petites places du Médoc, des Landes, du Bazadais et du Labourd.

L'Angleterre, livrée à tous les embarras d'une minorité, n'aspirait qu'à la paix; mais Charles V était résolu à poursuivre ses avantages. En 1378, il réunit ses forces contre l'un des plus puissants alliés des Anglais, l'un des plus grands traîtres du royaume de France, Charles le Mauvais. Il l'attaqua à la fois en Normandie et en Navarre et le réduisit, en une campagne, et malgré les efforts des Anglais, en tel état « que jamais plus guerre put fondre au royaume de France de la terre au roi de Navarre. »

La conquête si prompte des domaines navarrais enhardit le roi de France à une entreprise plus grande et plus téméraire. Il commit alors la seule faute que lui reprochent la politique et l'histoire. Du Guesclin avait chassé le rebelle Montfort de la Bretagne. Depuis ce temps, *la duché* était *vacante* de fait. Charles crut pouvoir, par un coup d'autorité, réunir cette province à la couronne. Il cita à la cour des pairs Jean de Montfort, « soi-disant duc de Bretagne. » Jean de Montfort se garda de comparaître ; le duché fut confisqué.

Un cri d'indignation s'éleva de Nantes à Quimper, quand on connut la sentence de mort lancée contre l'indépendance de la Bretagne. « Chacun vendit son bœuf et sa vache pour acquérir cheval de guerre, cotte d'acier, dague à l'épreuve ou maillet ou hache ; chaque seigneur munit son château de salpêtre et de soufre, de canons, d'arcs et d'arbalètes.... Et si pensoient défendre fortement leurs libertés jusqu'à la mort.... De servitude avoient horreur, quand ils voyoient tréfout autour comme en France elle régnoit. » Nobles, bourgeois et paysans, soulevés quelques jours auparavant contre un prince qu'ils détestaient, se déclarèrent en sa faveur, quand ils le virent victime de l'injustice ; ils rappelèrent Montfort, lui jurant de défendre son droit *contre le roi et sa puissance.*

Montfort, *grandement réjoui,* scella grandes alliances avec l'Angleterre et revint en Bretagne, où il se trouva en un instant à la tête d'une puissante armée.

Les deux héros bretons, du Guesclin et Clisson, avaient juré fidélité au roi de France ; ils continuèrent à combattre pour la cause qu'ils avaient embrassée, mais leur cœur saignait en tirant l'épée contre des frères, et peut-être ils bénissaient Dieu secrètement de voir leurs vieux camarades, leurs amis, leurs parents, abandonner en foule la bannière de France « pour aller au duc, le droiturier seigneur. »

Charles V, irrité du peu de succès de ses armes en Bretagne, osa prêter l'oreille à des soupçons calomnieux contre son connétable. Du Guesclin lui renvoya son épée.

L'épée de du Guesclin, c'était la fortune du roi et du royaume ... Le monarque le comprit et se réconcilia avec le héros, qu'il envoya dans le Midi de la France, où plusieurs compagnies anglaises et gasconnes s'étaient reformées et s'étaient saisies de divers châteaux en Limousin, en Auvergne et sur les frontières du Languedoc.

Le connétable mit le siége devant Châteauneuf-de-Randon, dans les montagnes du Gévaudan, entre Mende et Le Puy, « jurant que jamais ne partiroit d'illec (de là) qu'il n'eût le châtel à son plaisir. Mais une maladie le prit. » Le gou-

verneur de la place, forcé par la famine, promit
de se rendre le 13 juillet, s'il n'était secouru.

Le 13 juillet, le connétable touchait à sa dernière heure.... Il assembla ses guerriers autour
de lui, reçut les sacrements en leur présence,
les consola et les exhorta à rester fidèles au roi
et à ne jamais tirer l'épée contre les gens d'é-
glise, les laboureurs, les vieillards, les femmes
et les enfants.

Puis, s'adressant à Clisson : « Messire Olivier,
dit-il, je sens que la mort m'approche de près,
et ne puis vous dire beaucoup de choses. Vous
direz au roi que je suis bien marri que je ne lui
aie fait plus longtemps service ; de plus fidèle
n'eussé-je pu. Je vous prie de reprendre l'épée
qu'il me commit quand il me donna l'état de
connétable, et la lui rendre ; il saura bien en disposer et faire élection de personne digne. Je lui
recommande ma femme et mon frère ; et adieu,
je n'en puis plus. »

Clisson reçut ses derniers soupirs.

Le lendemain, le maréchal de Sancerre somme
le gouverneur de tenir sa parole. Celui-ci répond
qu'il ne rendra la place qu'à du Guesclin. On est
obligé d'annoncer que le connétable a cessé de
vivre. « Eh bien ! reprend le gouverneur, je por-
terai les clefs de la ville sur son tombeau. »

Bientôt on le voit arriver à la tête de la garnison ; on le mène à la tente de du Guesclin, où
les principaux officiers se tenaient debout dans le
plus morne silence. Il met un genou en terre
devant le corps du connétable, pose les clefs de
la ville sur son cercueil et déclare qu'il ne se

rend qu'à la mémoire de ce grand homme, qui
devait ainsi triompher même après sa mort.

Quelques jours après la mort de du Guesclin,
les Anglais traversaient le Pas-de-Calais sous le
commandement du comte du Buckingham, l'un
des oncles du jeune Richard II. Ils n'avaient osé
se fier à la mer pour aller au secours de leurs
alliés de Bretagne, tant la mer avait de fois con-
trarié leurs desseins, et ils se proposaient de renouveler à travers la France ces *grandes chevauchées* si fatales pourtant à Robert Knolles et au
duc de Lancastre.

Le comte de Buckingham se dirigea au Sud-Est,
poussa jusqu'à Reims et Troyes, tourna vers
Sens, traversa le Gâtinais et la Beauce, pour gagner enfin la Bretagne. Tous les princes français
et plus de six mille lances l'attendaient dans le
Maine, annonçant hautement qu'ils empêche-
raient bien les Anglais de passer la Sarthe « et
les encloroient au pays, par quoi ils les affame-
roient et les auroient à volonté et les combat-
troient à leur avantage, le voulût le roi ou non. »
La rivière de Sarthe était « grosse, profonde et
malaisée à passer, si ce n'est en certain passage; »
on barra ce gué par des pieux, des palissades et
des fossés.

« Les Anglais, après avoir cherché *amont et
aval* comment ils pourraient franchir la rivière,
ne trouvèrent nul autre gué que celui qui avait
été si bien fortifié. Leur perte était certaine,
s'ils eussent tenté de le traverser en présence
d'une armée ennemie. Mais l'autre bord n'était
gardé par aucunes troupes françaises. Aussi satis-

faits qu'étonnés, ils tirèrent à grand'peine les
palissades hors de l'eau, et gagnèrent sans en-
combre la rive opposée. Ils passèrent les marais
de la Mayenne avec plus de difficulté encore,
et ils y fussent tous demeurés, si les Français
les eussent attaqués dans le trajet; mais les
Français ne parurent pas, et les Anglais entrèrent enfin en Bretagne sans avoir livré un seul
combat. »

Les princes du sang étaient partis pour Paris,
où un grand événement se préparait : Charles V
touchait à sa dernière heure...

A la mort de Charles V, les Anglais ne possédaient plus en France que quelques villes mari-
times : Bayonne, Bordeaux, la Rochelle, Brest
et Calais.

Tout l'éloge de ce prince est dans ce mot
d'Édouard III : « Il n'y eut onc roi qui si peu
s'armât et qui me donnât tant d'affaires. »

Qu'il nous soit permis d'ajouter, bien qu'elle
ne rentre en aucune sorte dans notre sujet, une
parole bénie que disait souvent Charles le Sage :
« Savez-vous pourquoi je suis heureux? C'est
parce que j'ai le pouvoir de faire le bien. »

V.

La mort de Charles V fut une calamité pour la France. La jeunesse de Charles VI — le nouveau roi n'avait que douze ans — livra le royaume à la discrétion de ses trois oncles paternels, les ducs d'Anjou, de Berry et de Bourgogne, empressés, à l'encontre les uns des autres, de gouverner l'État dans des intérêts particuliers.

Le duc d'Anjou s'empara du trésor de Charles V, qui montait, dit-on, à dix-sept millions de francs, et, impatient de faire valoir sur le royaume de Naples les droits que lui avait donnés le testament de la reine Jeanne, il leva de nouveaux impôts sur les Parisiens. Le peuple murmura. « N'aurons-nous jamais de repos ni de bien-être ? cria-t-il avec un certain mégissier qui avait entraîné tous les *menus*. Où s'arrêtera la cupidité de nos maîtres ? Chaque année nous sommes forcés de contracter de nouvelles dettes pour satisfaire le fisc, et on nous extorque au delà de nos revenus.... Et avec quel mépris nous traitent ceux qui se gorgent ainsi de notre substance ! Quand ils nous voient auprès d'eux dans quelque lieu public, ils demandent avec indignation comment la terre ose se mêler avec le ciel ! La patience du peuple a souffert trop longtemps leurs exactions ; courons aux armes et mourons tous plutôt que d'endurer davantage cette honte. »

Il y eut émeute. La victoire resta au peuple.

Il n'y avait pas moins d'orages à l'intérieur du palais qu'au dehors : c'était à qui dominerait des trois oncles du roi. L'administration du royaume devait nécessairement se sentir de telles dissensions entre les princes.

Heureusement l'invasion étrangère ne vint point compliquer la crise. La Bretagne se soumit. « Tel a haï le père, qui aimera le fils ! s'écria Jean V en apprenant la mort de Charles V ; tel a guerroyé le père, qui aidera au fils ! » Les Anglais durent retourner dans leur pays. Leurs embarras les empêchèrent de profiter de nos troubles. Les vilains, qui, à cette époque, se révoltaient de toutes parts contre les nobles, s'étaient soulevés dans la vieille Angleterre et faisaient rude guerre à leurs seigneurs. On trouve tous les motifs de leur rébellion dans ce refrain d'une vieille chanson saxonne qui leur servait de ralliement :

« Quand Adam labourait et qu'Ève filait, où était le gentilhomme ? »

C'était une révolte de paysans, une véritable Jacquerie. En France, les Jacques, vaincus sous Jean le Bon, n'osaient relever la tête ; mais le peuple des villes, les bourgeois, était dans la plus grande agitation, à cause de l'énormité des impôts. Dans chaque commune, on se proposait pour exemple « les vaillantes gens de Gand », qui, depuis plus d'un an, guerroyaient contre leur seigneur pour leurs libertés et leurs franchises.

Il devenait indispensable d'humilier et de détruire « ces vaillantes gens » et de vaincre avec eux toute la bourgeoisie. Le roi, par le conseil de ses oncles, prit les armes pour soutenir son cousin de Flandre. « Si on laissoit telle ribaudaille comme ils sont en Flandre gouverner un pays, avait dit le duc de Bourgogne, qui dirigeait à peu près alors le grand conseil, toute chevalerie et toute gentillesse en pourroit être honnie et détruite, et par conséquent toute chrétienté. »

Les Flamands effrayés eurent recours aux Anglais; mais ils firent la grande faute de leur réclamer en même temps deux cent mille écus d'or que leur avait empruntés Édouard III, lors du siége de Tournai, et les Anglais ne leur donnèrent aucun secours.

Encouragé cependant par le souvenir de ses victoires passées et par une confiance entière dans l'héroïsme du peuple de Gand et de tous les Flamands qui avaient fait cause commune avec les Gantois, Philippe d'Artevelle, le chef des factieux, n'hésita point à livrer bataille au roi de France. Il fut vaincu à la fameuse journée de Rosbecque, et trouva la mort dans le combat.

« Si le roi de France eût été déconfit, dit Froissart, toute gentillesse et noblesse eût été morte et perdue en France et en toute chrétienté....»

Les mouvements populaires qui éclatèrent dans

toutes les parties du royaume empêchèrent Charles VI de poursuivre ses succès. Paris avait profité de son absence pour se livrer aux plus grands désordres, à l'occasion du rétablissement des aides et gabelles. Les séditieux forcèrent l'arsenal et l'hôtel de ville, s'emparèrent d'une grande quantité de maillets de plomb que l'on avait préparés sous le dernier règne contre l'attaque des Anglais, assommèrent la plupart des fermiers et livrèrent aux flammes les maisons des percepteurs. L'insurrection des *Maillotins* se répéta à Rouen et dans les principales villes du royaume. Les princes du sang s'en servirent pour demander le supplice de l'avocat général Jean Desmarets, le désarmement des bourgeois et la suppression momentanée des charges municipales qui garantissaient les priviléges des Parisiens. Le vertueux Desmarets fut traîné à l'échafaud comme complice des séditions, auxquelles il avait, au contraire, opposé l'autorité de ses vertus. « Maistre Jehan, lui disait-on, en le menant au supplice, criez mercy au roi, afin qu'il vous pardonne. » Desmarets répondit: « J'ai servi au roi Philippe, son grand-aïeul, au roi Jehan, et au roi Charles son père, bien et loyaument; ne oncques ces trois rois ne sçurent que demander, et aussi ne feroit cestuy, s'il avoit connaissance d'homme. A Dieu seul veut crier mercy.... »

Dans le Languedoc, la révolte des *Tuchins*, occasionnée par les mêmes causes que la sédition des Maillotins, fut réprimée par le duc de Berry, dont les exactions l'avaient provoquée.

L'année suivante, les Flamands, qui avaient

été vaincus, mais non soumis, firent alliance avec
les Anglais, qui, cette fois, jaloux du bien et de
l'honneur advenus à Rosbecque aux nobles de
France, accoururent en foule. Flamands et Anglais commirent toutes sortes de ravages dans la
France septentrionale. On voulut amener les Anglais à la paix ; mais il n'y avait pas de paix possible : les Français insistaient pour recouvrer
Calais, Brest, Cherbourg et toute la Guyenne
jusqu'à la Garonne, « laquelle chose les Anglois
n'eussent jamais faite. »

On conclut enfin, le 26 janvier 1384, un armistice de neuf mois. Cet armistice fut prolongé jusqu'au 1er mai 1385.

Au milieu des préparatifs de guerre qu'on fit
alors avec plus d'ardeur que jamais, eut
lieu le mariage du jeune roi — il n'avait que
dix-sept ans — avec une autre enfant, Isabeau
de Bavière, — Isabeau comptait à peine quatorze
ans. — « C'étoit la duchesse de Brabant, qui étoit
bien dame magniant toutes choses, dit Froissart,
qui avoit remontré aux oncles du roi et à son conseil comme quoi on feroit bien de le marier (le
roi) à madame Isabelle (ou Isabeau), fille au
duc Étienne de Bavière et petite-nièce au duc
Albert ; car le feu roi Charles avoit ordonné, au lit
de la mort, que son fils fust marié en Allemagne,
par quoi les Allemands eussent plus grandes
alliances aux François. » La jeune princesse fut
donc amenée en France par son oncle Frédéric,
sous prétexte d'un pèlerinage à Saint-Jean d'A-
miens. Le jeune roi fut, de son côté, conduit à
Amiens par le duc de Bourgogne, et Isabeau lui fut

présentée. Elle s'agenouilla devant lui « tout
bas » et elle lui plut à tel point, qu'il déclara
immédiatement qu'il en ferait « sa reine. » Le
mariage fut célébré quatre jours après dans la
cathédrale d'Amiens. Tous ceux qui applaudis-
saient alors à ces « épousailles », étaient loin de
se douter que la belle enfant qu'ils admiraient
avec tant d'enthousiasme serait un jour le fléau
de la maison de France.

Le mariage du roi s'était donc célébré au bruit
des armes ; à peine les fêtes en furent-elles ache-
vées, qu'on attaqua à la fois les Anglais et les
Flamands.

L'amiral Jean de Vienne s'embarqua à l'Écluse
avec mille lances, alla descendre en Écosse et
assaillit le Nord de l'Angleterre avec le concours
des Écossais ; le duc de Bourbon fut envoyé en
Guyenne ; enfin la grande armée féodale entra
en Flandre, où ses efforts furent balancés de revers et de succès.

La complète réussite de Jean de Vienne inspira
une entreprise plus hardie et plus importante ;
le jeune Charles VI et ses barons, excités par le
connétable de Clisson, qui répétait que les Anglais étaient de moitié plus faciles à vaincre chez
eux qu'au dehors, ne rèvèrent plus qu'une descente en Angleterre « pour toute la conquerre
et détruire. » Le duc de Bourgogne, tout-puissant en France depuis le mariage du roi, dont il
avait été le principal auteur, favorisa ce projet,
après avoir fait la paix avec les Flamands, dont
il était devenu le seigneur par la mort de Louis
de Mâle, son beau-père.

« Très-grands et très-hauts préparatifs se
firent alors en Picardie, Artois et Flandre. Depuis
la Saint-Jean d'été furent envoyés querre aux
ports de Hollande et Zélande tous les gros vaisseaux dont on se pouvoit aider. Du port de
Séville, en Espagne, jusqu'en Prusse, ne demeura
gros vaisseau sur mer, où les François pussent
mettre leur main, qui ne fust retenu pour le roi
et ses gens. Onc, depuis que Dieu créa le monde,
on ne vit tant de nefs ensemble, comme il y en
eut, celui an, au havre de l'Écluse et sur la mer
entre l'Écluse et Blankenberghe; car, au mois de
septembre, elles furent nombrées à treize cent
quatre-vingt-sept. En ces nefs furent avalées (des-
cendues) pourvéances innumérables en toutes
choses bonnes à servir corps d'hommes, vivres,
outils ou autres; et encore n'y étoit pas la navie (la
flotte) du connétable de France qui s'ordonnoit
à Tréguier en Bretagne, où ledit connétable faisoit ouvrer et charpenter une ville toute de bon
bois et gros merrain, pour asseoir en Angleterre,
quand on auroit pris terre, afin de loger et retirer le roi et les seigneurs. Cette ville étoit tellement ouvrée, qu'on la pouvoit défaire par travées
et la rasseoir membre à membre; il y en eut la
charge de soixante-douze vaisseaux. Si fut écrit
et envoyé mandement aux seigneurs jusques en
Savoie, en haute Gascogne et en Allemagne, et
de tous lez (côtés) s'armoient-ils eux et leurs
gens, comptant perdre et exiler (ruiner) toute
Angleterre sans recouvrer (retour), et prendre
vengeance des maudits Anglois qui avoient fait
tant de maux en France. »

Les circonstances étaient vraiment favorables pour une descente en Angleterre. Ce royaume était « tout en désarroi.» Le jeune roi, Richard II, ne songeait qu'à ses plaisirs, de grandes dissensions régnaient dans son conseil, et le duc de Lancastre, le meilleur capitaine des insulaires, venait de quitter l'Angleterre pour revendiquer de prétendus droits au trône de Castille.

Mais les gigantesques préparatifs des Français vinrent tous « à néant. » Le duc de Berry fit naître retard sur retard, « et fut dérompu le voyage d'Angleterre, qui coûta au royaume de France trente fois cent mille francs d'or ; et disoit-on qu'aucuns seigneurs du sang de France butinèrent entre eux la meilleure part de cette grosse somme de deniers, et qu'aucuns avoient eu, de plus, argent et grand don des ennemis pour rompre l'entreprise. » Cette dernière accusation concerne sans doute le duc de Berry, que le chroniqueur n'ose nommer.

Quand on fut prêt à s'embarquer, le 20 novembre, la mer ne le permit pas, et le duc de Berry, peu soucieux des reproches du jeune roi, « montra » que ce serait folie de tenter une telle expédition « en cœur d'hiver. » La tempête détruisit jusque dans le port un grand nombre de ces belles nefs si bien peintes et dorées, si richement étoffées, des seigneurs de France, et, dès qu'il fut possible de tenir la mer, les Anglais vinrent brûler ce que la tempête avait épargné.

D'autres projets de descente en Angleterre ne reçurent qu'un commencement d'exécution.

Enfin, le jeune roi, se débarrassant de la tutelle

de ses oncles, à la grande joie du peuple, qui
n'avait trouvé que des tyrans dans les frères de
Charles V, conclut une trêve de trois ans avec
les Anglais. Il négocia alors pour une paix définitive : les Français eussent consenti à de grandes
concessions en Guyenne et au paiement de
sommes considérables en échange de Calais ;
mais les Anglais ne voulurent pour rien au
monde rendre ni raser cette bonne ville, « grâce
à laquelle, comme ils disaient, ils portaient les
clefs du royaume de France à leur ceinture. »

La trêve fut prolongée d'un an.

Pendant cette trêve se produisit le funeste
accident qui devait, en plongeant notre malheureuse patrie d'abîmes en abîmes, livrer un jour
la France aux Anglais.

Il y avait alors à la cour un seigneur fort con-
sidéré par sa naissance et ses richesses, Pierre
de Craon, allié à la famille royale, et cousin
de Montfort, duc de Bretagne. C'était un homme
qui, sous les dehors les plus brillants, cachait une âme capable de tous les forfaits. Il
entreprit, par des révélations indiscrètes ou men-
songères, de brouiller le duc d'Orléans, frère du
roi, avec la duchesse Valentine de Milan, sa
femme. Le prince indigné le fit chasser de la
cour sans explication. Craon, se méprenant sur le
motif de sa disgrâce, l'attribua au connétable, dont
il était l'ennemi particulier, et se retira chez le
duc de Bretagne en attendant une occasion de
vengeance.

Bientôt il revint secrètement à Paris avec
« quarante bons compagnons » qui lui étaient

tout dévoués. Il resta caché avec eux, pendant quelques jours, dans un bel hôtel qu'il possédait « proche le cimetière Saint-Jean (aujourd'hui le marché Saint-Jean). » Enfin, le 13 juin (1392), vers une heure du matin, comme le connétable Olivier de Clisson traversait la rue Saint-Antoine, pour entrer dans la rue Culture-Sainte-Catherine, Craon et sa bande, embusqués à l'angle des deux rues, tous à cheval et armés jusqu'aux dents, fondirent sur lui, éteignirent les torches et dispersèrent les valets. « A mort, à mort, Clisson! cria le sire de Craon; ici vous faut mourir! — Qui es-tu, toi qui dis de telles paroles? — Je suis Pierre de Craon, votre ennemi, qu'avez tant de fois courroucé! Ici vous le faut amender. » Toutes les épées se tournèrent à la fois contre le connétable. Seul messire de Clisson était armé et il n'avait qu'un coutelas. Il se défendit pourtant longtemps. Enfin il tomba contre l'huis (la porte) d'un fournier (boulanger). L'huis céda au choc, et le connétable, couvert de blessures, roula dans la maison. Les assassins prirent la fuite.

Le roi, averti aussitôt, courut au logis du fournier où *gisait* Olivier de Clisson. Clisson venait de reprendre ses sens. « Connétable, dit le roi, comment vous sentez-vous? — Ah! cher sire, petitement et faiblement. — Et qui vous a mis en ce parti (cet état)? — Sire, Pierre de Craon et ses complices, traîtreusement et sans nulle défiance (sans défi). — Connétable, pensez à vous et ne vous souciez d'autre chose, car onc délit ne fut si chèrement comparé (payé) ni amendé sur les traîtres comme sera celui-ci ; car la chose est mienne. »

Craon se réfugia chez le duc de Bretagne, qui l'accueillit assez mal, parce que Clisson n'était pas mort. Le roi somma Montfort de livrer le coupable ; Montfort s'y refusa. Charles VI lui déclara la guerre, convoquant en même temps le ban et l'arrière-ban de ses hommes d'armes et leur donnant rendez-vous au Mans.

Sitôt que le connétable put monter à cheval, le roi, « bien qu'il ne fût pas très-ferme de santé, » partit avec son frère et son conseil, et ne s'arrêta qu'au Mans, où arrivèrent bientôt seigneurs et gens de guerre.

« En la cité du Mans séjournèrent les seigneurs plus de trois semaines ; car le roi étoit tout fiévreux, petitement mangeant et buvant, et plus en point de prendre repos que de chevaucher. » Il est vrai de dire que depuis son retour d'Amiens, où il s'était rendu pour les conférences de la dernière trêve avec l'Angleterre, « il n'avoit jamais été en si bon état que par le passé, et, surtout depuis le premier jour d'août, il paraissoit comme hébété, disoit des choses hors de sens, et faisoit des gestes et des contorsions fort messéants à la majesté royale. »

Le 5 août, le roi monta à cheval malgré les représentations de ses médecins, se mit à la tête de son armée et prit la route d'Angers et de Bretagne.

« Il faisoit, ce jour-là, très-âprement chaud ; le roi n'étoit pas bien haitié (pas bien portant). Tout à coup, comme il chevauchoit en la forêt du Mans, un homme en pur chef (la tête nue), tout déchaux, vêtu d'une pauvre cotte de burel (bure) blanc, et montrant mieux qu'il fut fou que sage, s'élança d'entre deux arbres, prit hardiment les brides du cheval du roi, et l'arrêta tout coi, et lui dit : — Roi, ne chevauche plus avant, mais retourne, car tu es trahi !... »

« Cette parole entra en la tête du roi; son esprit frémit; tout son sang se troubla....

L'inconnu rentra dans les taillis, sans que personne songeât à l'arrêter, tant tous étaient *durement ébahis.*

Le roi et sa suite passèrent outre et sortirent bientôt du bois pour traverser une grande plaine sablonneuse. « Le soleil étoit beau, clair et resplendissant à grands rais (rayons), et tapoit de telle manière, qu'on étoit tout transpercé par la réverbération. Et chevauchoient les seigneurs par *routes*, l'un çà, l'autre là; le roi alloit assez à part lui, pour lui faire moins de poussière. » Derrière lui marchaient deux pages. L'un d'eux s'endormit sur son cheval et laissa *choir* sa lance sur le *chapel* de son camarade. « Les deux aciers sonnèrent haut l'un contre l'autre. Le roi, qui encore avoit en l'imagination les paroles que l'homme lui avoit dites en la forêt, tressaillit soudain et crut que grande foison d'ennemis lui couroient sus pour l'occire; il piqua son cheval, tira son épée et se mit à crier : Avant! avant sur ces traîtres! et courut sur ses pages, ne reconnaissant plus ni eux ni personne. » Le duc d'Orléans accourut; Charles se jeta sur lui.... « Fuyez, beau neveu d'Orléans, cria le duc de Bourgogne,

monseigneur veut vous occire : han! le grand
meschef! Monseigneur est tout dévoyé.... Dieu!
qu'on le prenne! »

On se saisit à grand'peine du malheureux
prince. On le plaça sur une charrette à bœufs,
faute de mieux, et on le reconduisit au Mans,
où cet accès de fureur fit place à une léthargie
profonde. Le troisième jour, il revint à lui et
recouvra tout juste assez de sens pour comprendre qu'il avait versé sans motif le sang de
ses serviteurs et en témoigner quelque regret.

Les oncles de Charles VI confièrent le pauvre
monarque à quatre chevaliers qui lui étaient
tout dévoués, et convoquèrent à Paris « une assemblée de notables, des nobles, des prélats et
des bonnes villes, pour voir qui aurait le gouvernement du royaume. »

L'opinion publique, sans retourner aux oncles
du roi, abandonna leurs adversaires, les ministres de Charles VI, sur qui la multitude avait
si grandement compté, et qui lui avaient fait
éprouver tant de désappointements. Le duc de
Bourgogne profita habilement de cette disposition des esprits; le peuple ne lui était certes
point favorable, mais il ne se montrait point non
plus hostile. Il osa tout. Après quinze jours de
débats, il parvint à faire écarter du pouvoir son
neveu d'Orléans, « pour sa trop grande jeunesse, »
— le duc d'Orléans était dans sa vingt et unième
année, — et à se faire décerner la principale
autorité jusqu'au rétablissement du roi. Le duc
d'Orléans jura dans son âme de se ressaisir d'un
pouvoir qui lui appartenait de droit.

6.

On sait que le roi ne se rétablit jamais. Il avait de temps à autre quelques instants lucides. « Le mal n'étoit pas si continu qu'il n'eust de bons intervalles d'heure à autre, et l'on ménageoit ces instants de calme, tantôt pour mener le roi dans son conseil, tantôt pour lui faire recevoir quelque ambassade, etc. » Chaque année, ordinairement, sa folie le prenait aux premières chaleurs de l'été et ne le quittait qu'au milieu de l'hiver suivant. « C'étoit chose bien piteuse d'ouïr les plaintes qu'il faisoit, quand il sentoit qu'il devoit réchoir, en invoquant et réclamant la grâce de Dieu, de Notre-Dame et des saints.... » Le peuple, à qui l'on faisait tant de mal au nom de Charles VI, car l'anarchie fut bientôt à son comble, s'était pris d'une tendre sympathie, d'une généreuse compassion pour son roi ; il ne le nommait plus que le *Bien-Aimé*.... Il y avait entre le roi et le peuple comme une communauté, une union de malheurs et de souffrances....

La démence complète de l'infortuné monarque eût été un bonheur pour la France. Charles VI voulait le bien de toutes les forces de son âme. Dans ses moments de lucidité, il donnait de sages ordonnances, appelait au pouvoir des hommes dignes de gouverner ; à peine était-il retombé dans sa folie, qu'on lui faisait signer des ordres tout contraires, chasser ignominieusement ceux qu'il avait appelés auprès de sa personne. Au lieu d'une régence officielle, on avait un gouvernement sans chef et perpétuellement tiraillé entre deux influences rivales, celle des oncles du roi et celle de son frère.

Au milieu de ces troubles et de tous ces malheurs, on avait signé de nouvelles trèves avec les Anglais. En 1395, Richard II, qui ne songeait qu'à affermir à l'intérieur son pouvoir fortement menacé, voulut se débarrasser de toute inquiétude du côté de la France. Il demanda la main d'Isabelle de France, fille de Charles VI. La princesse lui fut accordée, bien que l'Anglais eût trente ans et qu'Isabelle n'en comptât que sept. Le contrat de mariage fut signé le 9 mars de l'année 1396, avec une nouvelle trève si longue, qu'elle pouvait passer pour une véritable paix : elle devait durer vingt-huit ans. Richard rendit Brest et Cherbourg. Les Anglais surent très-mauvais gré à leur souverain de cette restitution.

En France, on accueillit avec une joie difficile à décrire la suspension indéfinie de cette horrible guerre d'Angleterre; l'espérance rentra dans tous les cœurs.... Trompeuses illusions! « Ce peuple infortuné était destiné à descendre tous les degrés de l'abîme, dit un savant de nos jours. La déplorable minorité de Charles VI, le règne calamiteux du roi Jean devaient être dépassés par de tels fléaux, qu'il fallut, pour rendre la vie à la France, un miracle dont l'histoire de l'Europe ne présente pas un second exemple. »

Les dissensions des ducs d'Orléans et de Bourgogne continuaient plus horribles. Le frère du roi parvint à s'emparer de l'autorité et n'en fit usage que pour accabler le pauvre peuple d'impôts exorbitants. Le duc de Bourgogne s'appuya sur les masses pour ressaisir le pouvoir; il se

déclara contre les impôts ; les masses l'appelèrent à grands cris, et le roi, « pour lors en
santé, » éloigna son frère et conféra à Philippe
le Hardi l'administration des finances et le gouvernement du royaume.

Philippe le Hardi mourut peu après, au faîte
des honneurs. Sa mort fut regardée comme une
calamité publique, et pourtant aucun prince
n'avait fait peut-être plus de mal à la France ;
mais cette mort semblait livrer le royaume à la
merci du duc d'Orléans : le duc d'Anjou était
mort depuis longtemps, le duc de Berry était in-
capable, le duc de Bourbon n'avait nulle énergie ;
la reine Isabeau, qui était censée présider le
conseil royal, mais qui s'occupait beaucoup plus
de banquets, *de bobans* et de futilités, que des
affaires publiques, appuyait aveuglément toutes
les volontés du duc d'Orléans.

Louis d'Orléans ne jouit pas longtemps de l'autorité absolue ; il trouva un redoutable rival dans
le nouveau duc de Bourgogne, le farouche Jean,
à qui son audace dans la fatale campagne de Ni-
copolis avait valu le surnom de *sans Peur*.

Jean sans Peur reprit avec vigueur le rôle populaire qu'avait adopté, dans ses derniers jours,
le duc Philippe le Hardi. Au commencement de
l'année 1395, le duc d'Orléans ayant établi une
nouvelle taille générale, il protesta avec force
et quitta le conseil et la capitale avec éclat. Il
emporta les bénédictions du peuple, tandis que
la femme et le frère du roi étaient enveloppés
dans le même anathème, anathème bien justement mérité.

Pendant deux ans, l'anarchie, causée par les querelles des princes, fut à son comble. Fut à son comble aussi la misère du peuple.... La guerre avec l'étranger se mêlait aux discordes civiles.

Le trône de Richard II s'était écroulé sous les efforts de Henri de Lancastre. Henri de Lancastre, d'abord protégé par les princes français, n'avait pas été reconnu par eux comme roi d'Angleterre et avait demandé en vain la confirmation de la trêve de 1395. Les hostilités avaient recommencé en Picardie et en Guyenne, et s'étaient poursuivies sans événement bien remarquable.

La situation du pays (la France) et celle des deux rivaux (les ducs d'Orléans et de Bourgogne) ne pouvaient plus se prolonger sans catastrophe. Fidèle à sa politique, le duc de Bourgogne combattait chaudement pour le peuple et s'opposait à tout nouvel impôt; toujours plus passionnés pour le plaisir, le duc d'Orléans et la reine s'a-donnaient à de honteux brigandages, pillant, rançonnant tous les marchands, et dévastant jus-qu'à l'Hôtel-Dieu de Paris.... Les querelles des deux princes devenaient de plus en plus vives et fréquentes; « on s'attendait chaque jour, dit le re-ligieux de Saint-Denis, à les voir attenter publi-quement à la vie l'un de l'autre. Les autres princes n'étaient occupés qu'à aller de celui-ci à celui-là, à les raccommoder, à moyenner entre eux alliances nouvelles.» Le rapprochement parut enfin complet, et le duc d'Orléans s'étant trouvé indisposé, Jean sans Peur alla lui rendre visite avec toutes sortes de marques de tendresse. « Le dimanche vingtième jour de novembre, monsei-

gneur de Berry et autres seigneurs assemblèrent
lesdits seigneurs d'Orléans et de Bourgogne ; ils
ouïrent tous la messe ensemble et reçurent le
corps de Notre-Seigneur, après qu'ils se furent
préalablement juré bon amour et fraternité. »

Quelques jours après, comme Louis d'Orléans
sortait, vers huit heures du soir, de l'hôtel Mon-
taigu, où s'était retirée, pour un peu de temps,
la reine Isabeau, une vingtaine d'hommes, et, à
leur tête, Raoul d'Octonville, ancien général des
finances, l'assaillirent soudain, et Raoul d'Octonville, « criant : A mort! à mort! le férit d'une
hache tellement, qu'il lui coupa un poing tout
net. Le duc cria: « Je suis le duc d'Orléans! » Mais
aucuns d'iceux, en frappant sur lui, répondirent :
« C'est ce que nous demandons! » Lors, par force
et abondance de coups, fut-il abattu jus de sa
mule, et sa tête fut toute pourfendue, par telle
manière que sa cervelle chéit (tomba) dessus la
chaussée. En outre, là le retournèrent et renver-
sèrent et martelèrent si terriblement, qu'il mourut sur la place.

« Le cadavre de l'infortuné d'Orléans fut porté
à l'église Saint-Guillaume (les Blancs-Manteaux).
Le corps fut mis en un cercueil de plomb, et le
veillèrent ceux de son hôtel et les religieux de
ladite église, toute la nuit, en disant vigiles et
psaumes ; et, le lendemain matin, le roi Louis
de Sicile, le duc de Berry, le duc de Bourgogne,
le duc de Bourbon, les autres princes, et beaucoup de gens d'église, de nobles, et de menu
peuple très-grande multitude, vinrent tous ensemble à l'église Saint-Guillaume ; et quand

approchèrent les princes, le sang du corps coula parmi le cercueil à la vue de tous. »

Suivant une ancienne croyance, les blessures d'un homme assassiné se rouvraient et saignaient à l'approche de l'assassin.

Aux funérailles, « à chaque côté du corps, étoient par ordre, faisant pleurs et gémissements, le roi Louis de Sicile, le duc de Berry, le duc de Bourgogne et le duc de Bourbon, chacun d'eux tenant la main au drap qui étoit sur le cercueil. »

La perplexité était extrême dans la famille royale, dans le baronage, dans tout le royaume; on ne savait à qui imputer un tel attentat. Jean de Bourgogne affichait une profonde douleur et répétait avec une feinte indignation que « jamais, dans le royaume de France, si traître meurtre n'avait été commis ni perpétré. » Mais tout à coup il s'éloigna de la cour et de la capitale.... C'était pour y reparaître bientôt à la tête de huit cents gentilshommes et s'avouer hautement le meurtrier de Louis d'Orléans.... Pourtant son entrée à Paris fut un véritable triomphe ; les petits enfants *crioient Noël !*...

Jean sans Peur, voyant que l'état des esprits lui permettait de tout oser, exigea des princes et du conseil royal une audience publique, afin de « faire proposer et déclarer sa justification pour la mort et homicide qu'il avoit fait faire sur la personne du duc d'Orléans. » Les prières des princes furent inutiles ; il leur fallut subir cette honte et cet effroyable scandale.

Croira-t-on qu'un docteur de l'Université osa

prononcer, en présence du dauphin et des chefs de l'État, un discours en faveur du tyrannicide, ajoutant pour conclusion que le duc de Bourgogne méritait une récompense publique pour avoir débarrassé le royaume du duc d'Orléans?

Le duc de Bourgogne dominant en maître dans Paris, la reine et les princes se retirèrent. Jean sans Peur se fit alors absoudre de son attentat par des lettres royales où le monarque insensé déclarait « ne conserver aucune déplaisance contre lui pour avoir fait mettre hors de ce monde son frère, pour le bien et utilité du royaume. »

Le duc d'Orléans avait laissé trois fils. Ces jeunes princes, excités par leur mère, la belle et malheureuse Valentine de Milan, se préparèrent à la vengeance.

La guerre civile allait éclater; car la France se partageait entre les enfants de la victime et l'idole des Parisiens, le farouche Jean de Bourgogne. On parvint cette fois à ramener la paix. Jean sans Peur vint à Chartres, où s'était retiré Charles VI, ou plutôt où il s'était laissé conduire. Il demanda pardon au roi, à la reine, aux enfants d'Orléans; toute grâce lui fut accordée.

La paix de Chartres fut qualifiée de *fourrée* par le fou du duc de Bourgogne. En effet, nulle des parties contractantes ne l'avait jurée dans son cœur.... Cependant le peuple se réjouit; quand le roi rentra dans sa capitale, « ceux de Paris, jusqu'au nombre de deux cent mille, tant hommes comme femmes, vinrent à la rencontre du roi, criant Noël! pour le retour du roi et pour la paix faite, et leur sembloit que Dieu y avoit grandement étendu sa grâce et sa miséricorde, d'avoir consenti qu'une si grande besogne et apparence de guerre fust sitôt éteinte et apaisée ; mais ils ne voyoient pas les méchefs et adversités qui tôt après en advinrent au royaume et à eux-mêmes !... »

La paix de Chartres avait été jurée en 1409. Dès le printemps de 1410, les ducs de Berry et de Bourbon, le duc de Bretagne, le connétable d'Albret, les comtes de Clermont, d'Alençon et d'Armagnac, ce dernier beau-père de Charles d'Orléans, fils aîné du prince assassiné, rejoignirent à Gien les enfants d'Orléans « et eurent grands conseils ensemble, dit Monstrelet, pour savoir comment on pourroit avoir vengeance de la personne du duc de Bourgogne par *spécial* sur la mort du duc d'Orléans défunt. » Ils formèrent une ligue, dont le but était de détruire le pouvoir de Jean sans Peur et à laquelle le comte d'Armagnac donna son nom, « nom sinistre, imprimé en lettres de sang dans nos annales, » dit M. Henri Martin.

De son côté, le duc de Bourgogne ne restait point inactif ; il organisait militairement les bourgeois de Paris.

De toutes parts, on courait aux armes....

Le Nord et l'Est de la France se déclarèrent pour la faction de Bourgogne ; l'Ouest et le Midi pour les Orléanais, autrement dits les *Armagnacs*. Mais les Bourguignons dominaient à Paris, où Jean sans Peur forma la hideuse milice des bouchers appelée *Cabochiens*, de l'écorcheur Simon

Caboche, leur chef, qui prit le chaperon blanc des Gantois....

Il y eut combat sur combat, ou plutôt massacre sur massacre.... Enfin, Bourguignons et Armagnacs appelèrent à la fois à leur aide le roi d'Angleterre.

Henri IV (Henri de Lancastre) inclinait pour le parti de Bourgogne, à cause des relations de l'Angleterre avec la Flandre, quand les princes lui firent des offres qui le décidèrent à leur prêter appui. Armagnac et les siens engageaient leurs personnes et leurs biens au service de Henri IV, pour l'aider à recouvrer en entier *sa duché* d'Aquitaine, y compris le Poitou, le Limousin et toutes les anciennes dépendances de *la duché*. L'Anglais promit huit mille combattants.

Le roi, qui, depuis longtemps, avait quitté *la croix blanche droite* de France pour porter la croix en sautoir de Saint-André et la devise de Jean sans Peur, fit tout à fait alors cause commune avec le duc de Bourgogne. Il alla prendre l'oriflamme à Saint-Denis, déployant pour la première fois cette bannière sacrée dans une guerre civile, marcha contre les princes et leurs partisans et vint asseoir son camp devant Bourges. Les ducs de Berry et de Bourbon, qui s'étaient enfermés dans la place, se défendirent avec une grande énergie et rendirent coups pour coups, sorties pour assauts. Un mois se passa en luttes continuelles sous les murs de la ville ; mais les ressources des assiégeants et des assiégés s'épuisèrent, les partisans de la paix gagnèrent le dauphin, le jeune duc de Guyenne. On en vint aux négociations, et, après quelques jours de débat, on convint que le traité de Chartres serait désormais observé *perpétuellement*, que les princes renonceraient à l'alliance de *l'adversaire* d'Angleterre, que les ligues et confédérations seraient dissoutes, *les haines et rancunes ôtées*.

Les ducs d'Orléans et de Bourgogne, la paix signée, se montrèrent au peuple, montés sur le même cheval.

Au moment où les deux partis s'embrassaient pour se préparer ensuite à de nouvelles violences, les huit mille combattants promis par Henri IV à la faction d'Orléans débarquaient à la Hogue, sous le commandement du duc de Clarence, second fils du roi d'Angleterre. Clarence s'avança par le Cotentin et le Maine, vers la Loire, pour rejoindre ses alliés. A la nouvelle de la paix de Bourges, craignant de voir tous les partis se tourner contre lui, il demanda à se retirer pacifiquement dans la Guyenne anglaise. On lui livra passage, on protégea sa marche ; mais à peine arrivé sur le territoire de Bordeaux, Clarence déclara hautement son intention de reconquérir l'Aquitaine et recommença les hostilités.

Henri IV reprenait les vieux projets d'Édouard III.

Henri IV se proposait même de passer de sa personne en France, quand il mourut de la lèpre.

Ce fut un bonheur pour la France, où se rallumait la guerre civile avec plus de fureur que jamais.

Cette fois, les Armagnacs l'emportèrent sur les Bourguignons, chassèrent les Cabochiens de Paris et s'emparèrent de la personne du roi. Le roi quitta la croix de *Saint-Andrieu* (Saint-André) de Bourgogne, pour prendre la bande blanche du comte d'Armagnac; puis il déploya l'oriflamme contre Jean sans Peur, comme quelque temps auparavant il l'avait déployée contre les princes.

Soissons, qui tenait pour les Bourguignons, bien qu'elle fît partie du domaine d'Orléans, fut prise et pillée. Arras fut assiégé.

Le siége d'Arras se termina positivement comme celui de Bourges. On fit la paix; Bourguignons et Armagnacs rentrèrent dans Paris la main dans la main.... La faction vaincue dut pourtant courber la tête, et les princes dominèrent tout-puissants.

Mais la paix était à peine, en somme, une trève agitée et mal assurée; et pendant ce temps, l'ennemi du dehors, l'Anglais, qui, durant de longues années, n'a pas été en mesure de mettre à profit les discordes de la France, redevient de jour en jour plus menaçant. Les grands Edouard sont ressuscités dans Henri V.

VI.

Ce fut le 14 août 1425 que Henri V, reprenant les projets de son père et réclamant son héritage, aborda à « un havre étant entre Harfleur et Honfleur, où l'eau de Seine chet en la mer » (plus tard le Havre-de-Grâce).

Il investit aussitôt Harfleur, qui disputait, à cette époque, à Dieppe le premier rang entre les ports de Normandie.

Le gouvernement n'était plus alors aux Armagnacs : une nouvelle révolution de palais l'avait fait passer en des mains pires encore, s'il était possible. Le dauphin, duc de Guyenne, avait attiré tous les princes à Melun, résidence ordinaire de la reine Isabeau, sous prétexte d'affaires importantes ; « puis, dit Monstrelet, tandis que lesdits seigneurs étoient en besogne avec la reine, le duc d'Aquitaine s'en alla à Paris, d'où il fit savoir aux seigneurs dessusdits que point ne retournassent à Paris jusques à tant que le roi ou

lui les mandât, et qu'ils s'en allassent chacun en
son pays. Et après, il fit appeler au Louvre les
prévôts de Paris et des marchands avec l'Université, et grand nombre de bourgeois, et là l'é-
vêque de Chartres, chancelier de Guyenne, ex-
posa à l'assemblée comment, depuis le sacre du
roi régnant, toute la finance du roi et du
royaume avoit été traite (soutirée) et exilée
(perdue) par le fait des ducs d'Anjou, de Bourgogne et d'Orléans trépassés, et des ducs de
Berry et de Bourgogne présentement vivants, et
conclut que ledit duc d'Aquitaine, dauphin de
Viennois, ne vouloit plus souffrir si grande destruction des biens du royaume et prenoit le gouvernement et la régence d'icelui, afin d'y pourvoir
seul. » Le dauphin avait ensuite appelé le duc de
Berry pour diriger le conseil, afin de pouvoir
tout à son aise se livrer à ses plaisirs. Le duc de
Bourgogne, qui avait espéré être tout-puissant
sous le gouvernement du jeune duc, son gendre,
lui avait fait signifier qu'il ne s'armerait pas,
« s'il (le dauphin) étoit travaillé des Anglois. » Le
dauphin n'avait tenu nul compte de ces menaces,
et Jean sans Peur s'était rapproché des Anglais.

Les préparatifs du roi d'Angleterre avaient
duré plusieurs mois, et nulle mesure n'avait
pourtant été prise en France pour empêcher son
débarquement. On ne songea à la défense que
lorsque l'ennemi fut devant Harfleur. Le conseil,
toujours dirigé par les ducs de Guyenne et de
Berry, écrasa alors le pauvre peuple sous une
taille énorme et publia le ban de guerre du roi.
Il décida aussi que « messire Charles d'Albret,

connétable de France, auroit en cette guerre semblable puissance comme le roi, pour ordonner et disposer tout à sa pleine volonté. » C'était remettre le sort de la France en de mauvaises et indignes mains : d'Albret n'avait ni les qualités d'un capitaine ni celles même d'un soldat.

Les habitants de Harfleur tinrent un mois. Tout leur espoir était dans le souverain ; mais on ne leur envoya, de la part du souverain, que ces belles paroles : « Prenez courage, fiez-vous à la prudence du roi ; » et l'on ne songea même pas à les secourir.

La prise de Harfleur « était un beau succès pour l'Angleterre, un succès plus important même que la conquête de Calais. Harfleur, moins facile à garder, il est vrai, donnait aux Anglais l'embouchure de notre grand fleuve national, l'entrée dans le cœur même de la France. »

Henri V, dont l'armée était épuisée par la fatigue et une horrible épidémie, résolut de ne pas pousser plus loin ses conquêtes cette année-là (1415), et de terminer la campagne par une marche hardie à travers le territoire français, de Harfleur à Calais, où il voulait prendre ses quartiers d'hiver.

Il partit et gagna la Somme, qu'il comptait passer au gué de Blanque-Taque, là où Édouard III avait passé en 1346. Il allait y arriver, quand un gentilhomme du connétable, qui probablement s'était fait prendre à dessein, lui affirma sur sa tête que le gué était gardé par six mille combattants. Il n'en était rien ; mais l'insulaire le crut, rentra dans l'intérieur des terres, remonta la

Somme, tenta vainement le passage à Pont-Remi, passa du Ponthieu dans l'Amiennois, de l'Amiennois dans le Santerre, et s'avança jusqu'aux confins du Vermandois.

Pas un pont qui ne fût coupé, pas un gué qui ne fût gardé....

Les Anglais se trouvaient dans la position la plus périlleuse : ils étaient enfermés entre la Somme, Péronne, Ham, Saint-Quentin et l'armée du connétable.... « Ils crioient, dit le religieux de Saint-Denis, contre les traîtres de France qui les avoient appelés. »

Un paysan, aposté peut-être par le parti bourguignon, jaloux d'une victoire qu'eût pu remporter sur l'insulaire l'Armagnac d'Albret, sauva les Anglais ; il enseigna au roi Henri un gué parmi les marais de la Somme, près du village de Béthencourt.

Les Anglais passèrent....

Le connétable, qui avait manqué une si belle occasion d'anéantir l'ennemi, dépêcha des hérauts à Henri V, pour l'inviter à « prendre jour et place pour eux combattre. » Henri V répondit qu'il « n'étoit nécessité de prendre ni jour ni place, car tous les jours le pouvoient trouver à pleins champs et sans frémetés (fortifications) aucunes. »

Les Français se portèrent de Péronne sur Bapaume, et de là tournèrent vers le comté de Saint-Pol, pour devancer les Anglais. Les deux armées cheminèrent parallèlement pendant quatre jours.

« Le jeudi 24 au soir, les Anglais se logèrent

dans le petit village de Maisoncelle et aux alentours ; les Français s'établirent en plein champ, près du village d'Azincourt, que traversait la route de Calais. La nuit fut froide, sombre et pluvieuse. Les Français, les pieds dans la boue, le corps battu du vent et de la pluie, attendirent une tardive aurore d'automne autour de grands feux allumés près des bannières des chefs. C'était parmi eux un grand bruit de pages, de varlets et de « toutes manières de gens, » s'appelant et criant. «Néanmoins, avoient-ils peu d'instru-
« ments de musique pour eux réjouir, et à peine
« hennissoient nuls de leurs chevaux de toute la
« nuit, dont plusieurs avoient grand'merveille
« (grand étonnement) et disoient que c'étoit signe
« de chose à venir. Les Anglois, au contraire.
« toute cette nuit sonnèrent leurs trompettes et
« plusieurs manières d'instruments de musique,
« tellement que toute la terre autour d'eux reten-
« tissoit de leurs sons, nonobstant qu'ils fussent
« moult lassés et travaillés de faim, de froid et
« autres mésaises, et faisant leur paix avec Dieu,
« confessant leurs péchés en pleurs, et plusieurs
« d'iceux prenant le corps de Notre-Seigneur ; car
« le lendemain sans faute attendoient la mort. »
On n'entendait pas un cri, pas une parole inutile entre eux ; les hommes d'armes remettaient en bon état les aiguillettes qui attachaient leurs armures, les archers renouvelaient les cordes de leurs arcs.

« Le jour se leva enfin. L'armée française se forma en trois épaisses batailles, rangées à la suite l'une de l'autre dans l'étroite plaine d'Azin-

court, de façon à ne pouvoir se porter aucune
assistance. La petite armée anglaise présentait
un front égal à celui de cette multitude, qui n'a-
vait aucun avantage à tirer de la profondeur de
ses files. Presque tous les princes, les seigneurs,
la haute noblesse avaient voulu prendre place à
l'avant-garde ; ils avaient renvoyé l'infanterie,
les gens de trait et probablement aussi l'artillerie, car il n'en est pas du tout question dans
cette journée. Huit mille gentilshommes magnifi-
quement *harnoyés* se pressaient dans la première
bataille avec le connétable, les ducs d'Orléans et
de Bourbon, les comtes d'Eu et de Richemont,
le maréchal Boucicaut, le grand maître des arbalétriers. Parmi ces huit mille nobles, cinq
cents s'étaient fait donner, depuis la veille au
soir, l'ordre de la chevalerie ; le duc d'Orléans et
le comte de Nevers étaient du nombre. Les ducs
d'Alençon et de Bar et le comte de Nevers s'é-
taient résignés à grand'peine à ne commander
que la seconde bataille ; l'arrière-garde avait été
confiée aux comtes de Dammartin, de Marle et
de Fauquemberg ; mais ces princes et seigneurs
et les gens de leurs maisons abandonnèrent bientôt leurs postes pour courir accroître l'encom-
brement de l'avant-garde. A l'exception de deux
ailes, formées chacune de quelques centaines de
lances et destinées à *férir* sur les archers anglais
« pour rompre leurs traits, » tous les gens
d'armes des deux premières batailles étaient
descendus de leurs chevaux et avaient raccourci
leurs lances, afin de combattre à pied. Ces guerriers, pesamment armés, enfonçaient jusqu'au

mollet dans les terres labourables, détrempées par la pluie et piétinées par les chevaux depuis la veille. On ne pouvait bouger. On résolut d'attendre l'ennemi, au lieu de l'attaquer. Une tristesse vague se répandit parmi les Français ; des scènes touchantes se passèrent dans les rangs : les gentilshommes « se pardonnèrent les haines « qu'ils avoient les uns aux autres ; plusieurs « s'embrassoient, s'accoloient en faisant paix, « que c'étoit pitié de les voir. » La solennité de la situation réveillait les bons sentiments, la sympathie et la vieille cordialité gauloises au fond de ces âmes livrées à toutes les démences de l'orgueil et de la sensualité ; ces hommes devenaient enfin sérieux en face de la mort.

« Les Anglais s'étaient mis en ordre, plaçant en avant la masse de leurs archers, en arrière les gens d'armes à pied, et sur les ailes des gens d'armes et des gens de trait entremêlés. Les archers étaient protégés par une palissade mobile ; chacun d'eux avait un pieu aiguisé des deux bouts, qu'il fichait devant lui, la pointe inclinée vers l'ennemi. Les Anglais présentaient un étrange contraste avec la noblesse française, toute resplendissante sous ses plastrons d'acier et ses cottes d'armes brodées d'or et d'argent et bariolées d'éclatantes couleurs. Les archers avaient tant souffert durant cette campagne, qu'ils ressemblaient à une troupe de truands et de vagabonds : beaucoup allaient nu-pieds et sans chaperons ; d'autres avaient des *capelines* (châperons) de cuir bouilli ou d'osier avec une simple *croisure de fer ;* la plupart n'avaient ni plaques ni

lames de fer à leurs pourpoints. Ils n'en étaient
que plus agiles pour combattre sur ce terrain
fangeux et glissant; et si leurs *jaques* étaient
usées et déchirées et leurs chausses *avalées* (tom-
bantes), leurs armes étaient en bon état; ils le
prouvèrent sur l'heure.

« Le roi Henri avait commencé la journée par
ouïr trois messes l'une après l'autre; puis il mit
son casque, surmonté d'une couronne d'or « cer-
« clée comme couronne impériale, » enfourcha
une haquenée et fit avancer ses gens sur un
champ de jeunes blés verts, où le sol était moins
trempé qu'ailleurs. Il parcourut leurs rangs et
leur rappela les « belles besognes que les rois
« ses prédécesseurs avoient eues sur les Fran-
« çois.... En outre, leur disoit et remontroit
« que les François se vantoient que tous les ar-
« chers qui seroient pris, ils leur feroient couper
« les trois doigts de la main dextre. » Les Anglais répondirent par un grand cri : « Sire, nous
« prions Dieu qu'il vous donne bonne vie et
« victoire. »

« Les deux armées n'étaient qu'à une portée
d'arc. Henri V hésita au moment d'engager l'action avec treize ou quatorze mille combattants
contre cinquante mille. Quelques pourparlers
avaient déjà eu lieu les jours précédents. Le roi
anglais dépêcha vers les chefs de l'ost de France,
et offrit, dit-on, de renoncer à ses prétentions
sur la couronne de France et de rendre Harfleur,
si l'on voulait lui restituer le comté de Ponthieu,
cinq cités qui devaient appartenir au duché de
Guyenne, et lui donner en mariage Madame Ca-

therine de France, avec 800,000 écus d'or. Les
Français exigèrent Harfleur et la renonciation à
la couronne de France sans compensation. Ils ne
consentaient à laisser aux Anglais que Calais et
ce qu'ils tenaient en Guyenne. Les Anglais refusèrent.

« Il était onze heures du matin. Aussitôt la
conférence rompue, le maréchal de l'armée
d'Angleterre, sir Thomas Erpingham, exhorta
de nouveau les Anglais à *bien faire*; puis il jeta
en l'air un bâton qu'il tenait à la main, en criant :
« *Ne strecke!* (Now strike, maintenant frappez !) »
L'armée anglaise poussa un grand cri et fit
quelques pas en avant. L'armée française resta
immobile ; elle était dans la boue jusqu'à mi-
jambe. Les Anglais jetèrent un second cri, approchèrent encore, et les archers engagèrent la
bataille par une volée de dix mille flèches, qui
fut suivie de bien d'autres. Les Français s'ébran-
lèrent enfin, et, baissant la tête pour que les
flèches ne pénétrassent point par les trous des ven-
taux et des visières, ils s'avancèrent pesamment
vers l'ennemi et l'obligèrent à reculer un peu,
tandis que les deux ailes de gens d'armes demeurés à cheval partaient d'Azincourt et de Tra-
mecourt, afin de prendre en flanc les archers.

« Cette charge de cavalerie, exécutée avec
succès, eût pu décider le sort de la journée ; l'é-
tat du sol la fit échouer complétement : la plupart des chevaux s'abattirent dans les sillons des
champs nouvellement ensemencés ; à peine, sur
dix cavaliers, un seul joignit-il l'ennemi. Quelques-uns des plus braves et des mieux montés

vinrent se faire tuer parmi les pieux des archers ;
les autres, tournant bride sous une grêle de
flèches, et se débarrassant à grand'peine des
terres labourées où ils s'étaient embourbés,
se rejetèrent sur la première bataille française,
et leurs chevaux, blessés et furieux, y portèrent un horrible désordre. La ligne de l'a-
vant-garde fut rompue ; les hommes d'armes
tombaient les uns sur les autres et ne pouvaient
se relever ; « beaucoup se partoient et se met-
« toient en fuite. »

« Les archers voyant cette rompture en l'a-
« vant-garde françoise, tous ensemble issirent
« (sortirent) d'entre leurs pieux, jetèrent sûs arcs
« et flèches, et, prenant leurs épées, haches, mail-
« lets plombés et becs de faucons (marteaux
« d'armes terminés d'un côté par une pointe aiguë
« et retournée), ils entrèrent entre les François et
« se boutèrent par les lieux où ils voyoient les
« romptures. » Les gens d'armes, accablés par le
poids de leurs armures, enfonçant à chaque pas
dans la terre mouvante, et déjà hors d'haleine
avant d'avoir combattu, étaient si serrés, qu'ils
pouvaient à peine lever le bras pour frapper.
« Les archers frappoient sur eux et les abattoient
« à tas, et sembloit que ce fussent enclumes sur
« quoi ils frappassent, et churent les nobles
« françois les uns sur les autres ; plusieurs y
« furent étouffés et les autres tués ou pris. » La
chevalerie de France fut traitée comme les Flamands à Rosbecque.

« Les archers percèrent jusqu'à la seconde bataille, faisant place au roi Henri et à ses hommes

d'armes, qui venaient après eux et « les soute-
« noient moult fort. » La seconde bataille eut le
sort de la première, qu'elle n'avait pu secourir,
et fut bientôt confondue avec elle dans un immense désarroi. D'énergiques efforts furent ten-
tés pour disputer la victoire ; mais toute ma-
nœuvre d'ensemble était impossible aux Français : l'élite de la noblesse française ne réussit
qu'à vendre quelque peu sa vie ou sa liberté.
Lefèvre de Saint-Remi, témoin oculaire, rap-
porte que dix-huit chevaliers s'étaient engagés
par serment à joindre le roi d'Angleterre et à lui
abattre la couronne de la tête ou à mourir tous.
Ils l'approchèrent en effet de si près, qu'un
d'eux lui abattit d'un coup de hache un des fleu-
rons de sa couronne ; mais « guère ne demeura
« qu'il ne fust mort et détranché, lui et tous les
« autres. » Le duc d'Alençon, « à l'aide de ses
« gens, transperça grand'partie de la bataille des
« Anglois, » tua le duc d'York à deux pas de son
cousin Henri V, et fut massacré par les gardes
du roi d'Angleterre, au moment où Henri s'a-
vançait pour le prendre à merci. Le duc Antoine
de Brabant, frère de Jean sans Peur, qui accou-
rait à marches forcées pour joindre l'armée, arrivait en ce moment sur le champ de bataille
avec les mieux montés de ses gens. Il n'avait pas
même sa cotte d'armes ; il prit une des bannières
armoyées de ses trompettes, y fit un trou pour y
passer la tête, mit l'épée au poing et se rua sur
les Anglais. Il fut aussitôt terrassé et mis à mort.
Les archers et les gens d'armes anglais avançaient toujours en bon ordre, « combattant, tuant

« et prenant force prisonniers », sans se débander
à la poursuite des fuyards ; ils se trouvèrent enfin
face à face avec l'arrière-garde française, qui était
demeurée à cheval. L'arrière-garde ne les attendit pas ; elle tourna le dos, à l'exception des chefs
et de six cents lances, qui vinrent se briser dans
une dernière charge contre l'armée victorieuse.

« Les Anglais étaient complétement maîtres
du champ de bataille, lorsqu'on annonça au roi
d'Angleterre que de nouveaux ennemis apparais-
saient sur ses derrières et pillaient ses bagages.
Henri V, troublé de cette attaque imprévue, et
voyant de loin les fuyards de l'arrière-garde se
recueillir par compagnies, fit crier, au son de la
trompette, que chaque Anglais, sous peine de la
hart, occit ses prisonniers, « de peur que ceux-
« ci ne fussent en aide à leurs gens. » Les soldats
ne voulant point obéir, moins par humanité que
pour ne pas perdre la *grand'finance* qu'ils attendaient de leurs captifs, Henri V préposa un gentilhomme avec deux cents archers à cette « be-
« sogne, et, de sang-froid, toute cette noblesse
« françoise fut là tuée et découpée, têtes et
« visages, qui fut moult pitoyable chose à voir. »
Une multitude de prisonniers avaient été égorgés
quand le roi révoqua son ordre barbare, en
voyant les gens qui avaient assailli les bagages
prendre la fuite avec leur butin : ce n'étaient
que quelques centaines de soldats et de paysans,
conduits par le seigneur d'Azincourt. Les gens
de l'arrière-garde, qui avaient essayé de se ral-
lier, se mirent à fuir, dès qu'ils virent les Anglais
prêts à les combattre.

« Les Anglais restèrent jusqu'au soir à dépouiller les morts et à secourir ceux des blessés
dont ils espéraient tirer rançon. Ils revinrent
le lendemain matin achever leur ouvrage; ils retournèrent tous les monceaux de corps palpi-
tants qui couvraient la plaine, pour faire leur
choix, achever les uns et relever les autres.

« Jamais la noblesse française n'avait essuyé
un désastre comparable à celui d'Azincourt.
Courtray, Crécy, Poitiers étaient surpassés.... »
(Henri MARTIN.)

D'Albret fut trouvé au nombre des morts.
Charles d'Orléans et le duc de Bourbon furent
emmenés prisonniers en Angleterre, où le roi
Henri V passa presque aussitôt.

C'étaient les Armagnacs qui avaient été vaincus
à Azincourt.... Au milieu de la désolation publique, il y eut des gens à Paris qui « montrèrent
signe de joie, disant que les Armagnacs étoient
déconfits, et que le duc de Bourgogne viendroit
cette fois au-dessus de ses besognes. »

Ce fut pourtant Bernard d'Armagnac qui régna.
Le dauphin, craignant par-dessus tout de subir la
loi du Bourguignon, l'appela à Paris, lui offrant
l'épée de connétable.

Bernard accourut.

Jean accourut en même temps, mais il perdit
la partie par ses hésitations ; l'occasion pourtant
était belle : le duc de Guyenne, usé à force
d'excès, expira bientôt à moins de vingt ans.

Le nouveau dauphin, Jean, duc de Touraine
et gendre du duc de Hainaut, tenait depuis longtemps sa cour à Mons ou à Valenciennes et était

tout à la dévotion des alliés du Bourguignon. Le
Bourguignon avait donc, une fois encore, toutes
chances de succès. Il recommença la guerre ;
mais, quoi qu'il fit, l'autorité du comte d'Armagnac s'affermit, et Bernard, sous le titre de
général-gouverneur des finances du royaume et
général-capitaine de toutes les forteresses, « pour
y mettre capitaines et garnisons à son plaisir »,
fut, pour un peu de temps, le véritable souverain.

La mort du second dauphin (avril 1417) vint
encore consolider son pouvoir. « Armagnac était
capable de tout, et cette mort arrivait merveil-
leusement à point pour lui. »

Le nouveau dauphin, Charles, le dernier des
fils du roi, d'abord comte de Ponthieu et duc de
Touraine après son frère, avait été uni en bas
âge à Marie d'Anjou, fille du roi de Sicile, et
élevé dans la haine de Jean sans Peur. Bernard
d'Armagnac était tout pour lui. Isabeau de Bavière avait aussi grande influence sur le jeune
prince ; mais Isabeau inclinait à la paix avec le
Bourguignon, et Bernard éloigna Isabeau.

Sous un prétexte relativement léger, et « par
l'ordonnance du roi, du dauphin et de ceux qui
gouvernoient à Paris, la reine, accompagnée de
sa belle-sœur, la duchesse de Bavière, et de sa
fille Catherine, fut envoyée à Blois, puis à Tours,
pour y demeurer à assez simple état, et lui furent
baillés pour la conduire et gouverner » plusieurs
conseillers du roi, « sans le consentement desquels elle n'osoit aucune chose besogner, pas
même écrire une lettre à qui que ce fût, et là

vécut-elle, grand espace de temps, en grand'déplaisance, attendant de jour en jour d'encore pis
avoir, et, avec ce, très-grand'finances qu'elle
avoit en divers lieux à Paris furent ôtées et prises
par son fils le dauphin et ceux qui le gouvernoient. » Isabeau en conçut contre son fils une
haine implacable.

Bernard d'Armagnac écrasait les Parisiens
d'impôts pour la solde de ses gens d'armes, et
de corvées pour la réparation des défenses de la
ville. Jean sans Peur, toujours avide du pouvoir,
publia un manifeste dans lequel il jurait le « re-
lèvement du pauvre peuple, afin, disait-il, que
les bons et loyaux sujets ne payassent plus do-
rénavant aides, impositions, tailles, gabelles ni
autres exécutions, comme il convient au noble
royaume de France. »

Ce manifeste souleva la Picardie : Amiens,
Beauvais, Senlis, etc., se *tournèrent bourgui-*
gnons. Reims, Châlons, Troyes prirent également
la croix de Saint-André. Le duc Jean marcha sur
Paris, espérant que les Parisiens lui ouvriraient
leurs portes. Paris, comprimé par la main de fer
du comte d'Armagnac, ne bougea pas.

Le Bourguignon se replia sur Corbeil, dont il
forma le siége.

Ce fut là qu'il reçut le message d'Isabeau. Isabeau, toujours prisonnière à Tours, le suppliait
de venir la délivrer.

Jean sans Peur courut à Tours, enleva la reine,
gagna Chartres avec elle. De là, l'indigne souveraine écrivit des lettres à toutes les bonnes villes
du royaume, engageant cités et communes à

n'obtempérer en rien aux ordres qui leur seraient
expédiés de par le roi ou le dauphin, attendu
qu'à elle seule, durant l'*occupation* de son seigneur, appartenaient l'administration de l'État
et la présidence du grand conseil, dont « mauvaises gens s'étaient emparés sans aucun droit. »
Le conseil de la reine et du duc établit ensuite
une cour de parlement à Amiens, pour remplacer
dans les pays au nord de la Seine le parlement
de Paris, « assujetti aux usurpateurs de la puissance royale. Jean sans Peur eut ainsi son conseil de France comme Armagnac, et put opposer
ordonnances à ordonnances. »

La guerre civile devint alors plus vive, plus
atroce que jamais ; villes et campagnes étaient à
feu et à sang : les gens de guerre pillaient, brû-
laient, décapitaient, pendaient....

Un plus affreux malheur vint se joindre à tant
de malheurs : Henri V reparut en France.

En moins de trois mois, il eut soumis presque
toute la Normandie, où pourtant régnait la guerre
civile. Il ne s'en tint pas là. « Le roi d'Angleterre toujours conquêtoit et prenoit places et
ne rencontroit résistance, sinon d'aucunes gens
de bonne volonté. » Toute la France se partageait entre Bourguignons et Armagnacs. « Le
père étoit bandé contre le fils, le frère contre le
frère, dans cette maudite querelle ; » et Bourguignons et Armagnacs, acharnés à l'envi à leur
ruine, avaient bien *autre chose en tête* que de s'opposer aux Anglais.

Les calamités nationales devinrent telles pourtant, qu'on songea à la paix. Le connétable (Ber-

nard d'Armagnac) parut s'y prêter de bonne
grâce ; mais en secret *il rompit tout.*

Les Parisiens, qui gémissaient sous le joug de
fer de « ce diable à peau d'homme », tramaient
un complot, quand un jeune homme, Perrinet le
Clerc, n'ayant pu obtenir justice du prévôt Tannegui du Châtel, digne confrère de Bernard,
pour quelques violences que lui avaient faites
des amis du connétable, déroba les clefs de la
porte Saint-Germain sous le chevet de son père,
qui les avait en garde, et ouvrit cette porte aux
Bourguignons dans la nuit du 29 au 30 mai 1418.

Nous renonçons à peindre les désordres,
roberies et occisions des jours funestes qui suivirent. Le règne des Cabochiens avait recommencé....

Armagnac fut massacré ; mais déjà son parti
avait vingt chefs pour un. Ces chefs se donnèrent
pour généralissime le dauphin, que Tannegui
du Châtel avait enlevé pendant son sommeil. Le
dauphin prit le titre de lieutenant général du
royaume.

Ce qui suivit, on le sait.

Henri V continua ses conquêtes. Rouen, *la
magnanime Rouen*, après avoir enduré, pendant
plus de trois mois, toutes les horreurs d'un siége
acharné, toutes les angoisses de la faim, toutes
les tortures imaginables, après avoir en vain
crié *merci* au roi de France et au duc de Bourgogne, tomba au pouvoir des Anglais.... Après
elle, maintes autres villes de Normandie, qui
tenaient encore pour Charles VI, et la croix
blanche de France disparut devant la *vermeille*

croix d'Angleterre, dans toute l'étendue de la belle province.

Et pendant tout ce temps, la guerre civile, la guerre civile, la guerre civile.... D'un côté, la reine et Jean sans Peur; de l'autre, le dauphin et les Armagnacs.

Bourguignons et Armagnacs tentèrent enfin un accommodement.

Le dauphin et le duc Jean eurent une entrevue sur le *ponceau* (petit pont) de Pouilly-le-Fort, à une lieue de Melun. « Beau cousin, dit Charles de France au duc de Bourgogne, désormais en avant voulons et voudrons ce que vous voulez et voudrez.... »

« Finalement après plusieurs paroles, les deux princes, et aucuns de leurs gens là étant, jurèrent sur leur part de paradis, en la main du révérend père en Dieu Alain, évêque de Léon en Bretagne, légat du saint-siége apostolique, la paix à entretenir perdurablement l'un avec l'autre, se soumettant, pour les choses dessus dites, à la correction de notre mère sainte Eglise et de notre saint-père le pape, par voie de solennelle excommunication; pourquoi s'assemblèrent leurs gens tous ensemble, criant *Noël*, et maudissant tous ceux qui jamais porteroient armes pour si damnable querelle. » On se sépara très-amicalement, « après s'être entrepromis de mettre toute peine à chasser le roi Henri d'Angleterre hors de France. »

« A la nouvelle d'icelle paix, tout le pauvre peuple de France démena grande liesse. On fit des feux de joie par les carrefours de toutes les bonnes villes, et par spécial dans la ville de Paris, et les gens d'armes des deux partis commencèrent de faire conjointement rude guerre aux Anglois. »

La paix et la joie durèrent peu.

Les deux princes, le dauphin et le duc de Bourgogne, étaient convenus d'une conférence définitive sur le pont de Montereau-Faut-Yonne (où l'Yonne *finit* en se jetant dans la Seine).

« Sur le pont durent être faites barrières, et au milieu une manière de *parc* (ou de loge) bien fermé, où il y auroit une entrée du côté du château et une autre du côté de la ville ; à chacune desquelles entrées seroit un huis (porte) qui se fermeroit et garderoit par les gens de chacun des deux princes. »

Le dimanche 11 septembre 1419, vers trois heures de l'après-midi, les deux princes s'avancèrent sur le pont de Montereau, suivis chacun de neuf seigneurs et d'un secrétaire, et entrèrent dans la loge préparée.

Que se passa-t-il alors?

Les Dauphinois, les anciens Armagnacs, prétendirent que le duc Jean usa de violence envers le dauphin, et qu'eux, les Dauphinois, massacrèrent le duc Jean pour défendre, venger ou sauver même l'héritier du trône.

Les Bourguignons racontèrent, au contraire, que le duc avait fléchi le genou devant Charles de France, lui disant : « Monseigneur, je suis venu à votre mandement. Vous savez la désolation de ce royaume, votre domaine à venir ; entendez à la réparation d'icelui. Quant à moi, je suis prêt d'y exposer le corps et les biens de moi et de mes vassaux, sujets et alliés. » Qu'au même instant un signe avait été fait entre les seigneurs qui suivaient le dauphin, et qu'ils s'étaient jetés sur le duc de Bourgogne....

« Les conseillers du dauphin, dit Monstrelet, avoient, depuis grand espace de temps, promis et juré entre eux de mener à fin cette besogne, et ils l'eussent achevée dès la première assemblée des princes auprès de Pouilly-le-Fort ; mais lors fut délaissée pour ce que le duc de Bourgogne avoit trop grand'puissance de gens d'armes. »

Le dauphin fut accusé du meurtre ; ce devait être, et pourtant nul plus que lui ne perdait à la mort du duc de Bourgogne.

Les conséquences de cet horrible crime furent plus fatales encore que celles de la mort du duc d'Orléans.

Philippe le Bon, fils de Jean sans Peur et nouveau duc de Bourgogne, résolut de tout sacrifier à sa vengeance. Il s'unit à Isabeau ; Isabeau et Philippe s'unirent à l'Anglais.

Qui songerait sans frémir aux odieuses conférences d'Arras? Henri V, roi d'Angleterre, y fut reconnu, par Philippe et Isabeau, comme héritier de la couronne de France, après la mort de Charles VI. Il devait épouser immédiatement Catherine de France, fille de Charles VI et d'Isabeau de Bavière, et prendre l'administration du royaume pendant « l'empêchement du roi.... »

Dans les provinces du Nord, l'alliance des

Bourguignons et des Anglais fut saluée avec joie :
la haine des « faux traîtres Armagnacs » remplissait tous les cœurs. Au Centre et au Midi, où la
faction bourguignonne avait toujours eu moins
de partisans, les campagnes et même quelques
villes se déclarèrent pour les Dauphinois : ainsi
Poitiers, Lyon, Toulouse, Carcassonne, etc.

Aux conférences d'Arras succéda le fameux
traité de Troyes, qui n'était, du reste, que la
ratification des promesses faites aux Anglais lors
des conférences.

Ce traité fut signé dans l'église de Saint-Jean,
le 21 mai 1420.

Henri V prit le titre de « régent et héritier de
France. » Ce titre devait se changer en celui de
roi à la mort de Charles VI. Henri V, afin d'éviter
le renouvellement des vieilles discordes de la
France et de l'Angleterre, devait, à l'époque de
cette mort, « labourer de tout son pouvoir pour
que, de l'avis et consentement des trois États
desdits royaumes, les deux couronnes de France
et d'Angleterre à toujours demeurassent ensemble et fussent en une même personne, savoir
celle dudit roi Henri, et de là en avant ès personne de ses hoirs, les deux royaumes gardant
toutefois chacun ses droits, libertés, coutumes,
usages et lois, sans être aucunement soumis l'un
à l'autre. » Un autre article du traité réunissait
Charles VI, Henri V et le duc de Bourgogne, pour
une vengeance prompte et éclatante contre
Charles, soi-disant dauphin du Viennois.

Inutile de dire, avec Georges Chastelain, l'un
des chroniqueurs de cette époque, que le pauvre

roi Charles « étoit content d'accorder et traiter en toutes choses selon l'opinion de ceux qui étoient près de lui. Tout lui étoit un et d'un poids. »

Quinze jours après, le 2 juin, Henri V épousa solennellement Catherine de France dans l'église Saint-Jean de Troyes.

Le jour suivant, les chevaliers de France et d'Angleterre voulaient faire joute pour la solennité du mariage ; mais le roi Henri leur commanda « d'être tous prêts le lendemain matin pour mettre le siége devant la cité de Sens.... Que là chacun pourroit jouter et montrer sa prouesse.... »

La domination anglo-bourguignonne n'était pas incontestée au nord de la Loire. Les Dauphinois conservaient de fortes places entre l'Oise et l'Yonne : ils avaient Compiègne, Soissons, Meaux, Melun, Sens, Montereau, etc. Il s'agissait, pour les partisans de Bourgogne, de réduire ces villes sans perdre de temps pour passer la Loire et poursuivre le malheureux Charles de France jusque dans ses derniers retranchements. Anglais et Bourguignons espéraient y réussir d'un coup de main ; mais ils ignoraient que le parti des Armagnacs, des Dauphinois, du dauphin, c'était désormais le parti de la France....

Sens et Montereau firent peu de résistance, mais Melun.... Ceux de Melun étaient « moult vaillantes gens. » Pour rien, ils ne voulaient obéir « au roi anglois, ancien ennemi mortel de France. » En vain la famine et l'épidémie firent-

elles dans leurs murs les plus horribles ravages ;
ils ne se rendirent que lorsque le dauphin, qui
ne pouvait les secourir, leur en eut donné l'autorisation.

De Melun, où Henri V fit exécuter maints mas-
sacres « pour l'exemple, » le régent et héritier
de France envoya des députés dans toutes les
bonnes villes du Nord, pour leur faire jurer le
traité de Troyes ; toutes prêtèrent le serment,
mais la plupart ne le firent que des lèvres.

Le 1er décembre, les rois de France et d'Angleterre, le duc de Bourgogne et les princes
anglais entrèrent dans Paris en grande pompe :
tous les bourgeois qui « avoient puissance » (qui
en avaient les moyens) s'étaient « vêtus de rouge
couleur pour honorer lesdits rois ; » toutes les
rues, depuis la seconde porte Saint-Denis jusqu'à Notre-Dame, furent « noblement encourti-
nées, et furent faits dans la rue de la Calandre,
devant le palais, des échafauds de cent pas de
long, sur lesquels on représenta un moult piteux
mystère de la passion de Notre-Seigneur au vif,
selon qu'elle est figurée autour du chœur de
Notre-Dame de Paris ; et en toutes les rues ren-
controient les princes processions de prêtres
revêtus de chapes et de surplis, portant sain-
tuaires (reliquaires) et chantant *Te Deum lauda-
mus* ou *Benedictus qui venit.*» (*Journal du Bourgeois
de Paris.*)

Quelques jours après eut lieu une cérémonie
solennelle à l'hôtel Saint-Pol, où l'on avait relé-
gué Charles VI, et où le roi de France était
« petitement et pauvrement servi, » tandis que

Henri V tenait cour brillante au Louvre. Philippe de Bourgogne vint en grand deuil demander justice du « très damnable meurtre » commis sur la personne du feu duc son père. Nicolas Rolin, avocat du duc de Bourgogne, « requit que Charles, soi-disant dauphin du Viennois, et ses complices, fussent menés en tombereaux par tous les carrefours de Paris, nu-tête, un cierge ardent en la main, en disant à haute voix qu'ils avoient occis le duc de Bourgogne sans causes raisonnables, et, ce fait, fussent menés où ils perpétrèrent ledit homicide à Montereau, où Faut-Yonne, et y répétassent les mêmes paroles... Qu'en outre, au lieu où ils l'occirent, fust faite et fondée une église avec chapitre de chanoines, et semblablement à Paris, Rome, Gand, Dijon, Saint-Jacques-de-Compostelle et Jérusalem. » Charles VI, par l'organe de son chancelier, promit de faire droit à la requête de Philippe, « par la grâce de Dieu et la bonne aide et avis de son frère Henri, roi d'Angleterre et régent de France. »

En conséquence, le dauphin Charles fut sommé de comparaître sous trois jours devant la cour du parlement, pour se purger de l'homicide à lui imputé. On peut bien penser que point n'y comparut. Il fut alors déclaré avoir forfait corps et biens et être inhabile à toutes successions et à toutes dignités, honneurs et prérogatives.

Charles de France appela « à la pointe de son épée » de ce jugement inique qui lui ravissait sa couronne.

La guerre continua donc acharnée et sanglante. Les Dauphinois, d'abord vaincus sur
tous les points, retrouvèrent enfin des victoires
et repassèrent la Loire, pleins d'espérance. La
noblesse de la Picardie et de la Brie arbora de
nouveau la croix blanche de France ; mais Henri V
parut sous les murs de Meaux.... Meaux tomba
après une héroïque résistance, et avec Meaux
toute la France du Nord.

Et qui souffrait le plus au milieu de ces horribles luttes, de ces sanglants démêlés des
princes et des rois? Le peuple, le pauvre peuple....
Il y a de tristes pages dans le *Journal du Bourgeois de Paris* sur cette époque fatale de la domination anglaise dans le beau royaume de France :
« Les laboureurs, cessant de labourer, alloient
comme désespérés et laissoient femmes et enfants, en disant l'un à l'autre : « Mettons tout en
« la main du diable ; ne nous chault (peu nous
« importe) que nous devenions.... Mieux nous
« vaudroit servir les Sarrasins que les chrétiens...
« Faisons du pis que nous pourrons ; aussi bien
« ne nous peut-on que tuer ou que pendre....
« Par le faux gouvernement des traîtres gouver-
« neurs, nous faut renier femmes et enfants et
« fuir aux bois commes bêtes égarées, non pas
« depuis un an ou deux, mais il y a jà quatorze
« ou quinze ans que cette douloureuse danse
« commença.... »

L'étranger, *régent et héritier de France*, ne devait pas ceindre son front de cette brillante couronne des lis qu'il avait tant désirée, tant convoi-
tée : il tomba au milieu de ses triomphes....

Le duc de Bedford, frère de Henri V, prit, au refus du duc de Bourgogne, le titre de régent de France.

Charles VI ne survécut que de sept semaines au gendre pour qui on lui avait fait déshériter son fils. Il avait porté pendant quarante-deux ans le vain titre de roi.... Il fut conduit au tombeau par les étrangers, « chose moult pitoyable à voir.... »

« Et après que le roi fut mis en sa sépulture auprès ses devanciers, les huissiers d'armes rompirent leurs petites verges et les jetèrent dedans la fosse, et puis mirent leurs masses en bas sens dessus dessous ; et lors le roi d'armes de Berry, accompagné de plusieurs hérauts et poursuivants, cria dessus la fosse : « Dieu veuille « avoir pitié et merci de très-haut et très-excel-« lent prince Charles, sixième du nom, notre « naturel et souverain seigneur ! » Et après s'écria le dessus dit roi d'armes : « Dieu donne « bonne vie à Henri, par la grâce de Dieu roi « de France et d'Angleterre, notre souverain « seigneur ! »

« Lequel cri accompli, les sergents d'armes redressèrent leurs masses fleurdelisées en criant tout d'une voix : « Vive le roi ! vive le roi ! » Et les François-Anglois commencèrent à crier *Noël !* comme si Dieu fust descendu du ciel ; toutefois, il y en avoit plus faisant deuil et lamentations qu'autres. « Ah ! très-cher prince, disoit le peuple « à grand'plaintes et profonds soupirs, jamais « plus ne te verrons, jamais n'aurons que « guerres, puisque tu nous as laissés ! Tu vas

« en repos, et nous demeurons en toute tribu-
« lation et en toute douleur ! »

« Le dauphin Charles étoit en un petit châtel
nommé Espalli, proche Le Puy, en Auvergne (en
Vélay), lorsque lui furent apportées les nouvelles
du trépas de son père. Il en eut au cœur grande
tristesse et pleura très-abondamment. »

Ses conseillers le ramenèrent en toute hâte
vers une région plus centrale. Arrivé à Meung ou
Mehun-sur-Yèvre, en Berry, il quitta la robe
noire de deuil pour la robe vermeille. La bannière de France fut levée dans la chapelle ; « les
officiers d'armes (hérauts) crièrent haut et clair :
Vive le roi! Après lequel cri fut fait l'office de
l'église, et n'y fut fait pour lors autre solennité ;
et, de ce jour en avant, tous ceux tenant le
parti du dauphin le nommèrent roi de France. »

VII.

Il y avait donc réellement deux rois en France :
Henri VI d'Angleterre, qui tenait Paris, l'Ile-de-
France, la Normandie, l'Artois, la Flandre, la
Bourgogne et ses dépendances, presque toute la
Picardie et la Champagne, la Guyenne et la Gascogne occidentale ; et Charles VII de France,
que reconnaissaient la Touraine, l'Orléanais, le
Berry, l'Auvergne, le Bourbonnais, Lyon, le
Dauphiné, le Languedoc et les parties orientales
de la Guyenne et de la Gascogne. Henri VI n'était
qu'un enfant au berceau, élevé de l'autre côté
de la mer ; Charles VII, un jeune homme de vingt
ans, « mobile et obstiné, léger et songeur,
soupçonneux envers les bons et crédule aux
méchants, entièrement livré aux plaisirs, et
« qui ne s'armoit mie volontiers et n'avoit point
« cher la guerre. » Henri VI avait un régent,
Bedford, dont tous les chroniqueurs s'accordent
à vanter la prudence comme administrateur, la

sagesse et l'habileté comme capitaine, l'adresse comme négociateur. Il est juste de dire que des héros remplacèrent bientôt, autour du légitime héritier du pauvre fou, d'indignes et lâches favoris : ainsi Richemont, Xaintrailles, la Hire, Dunois, etc.

Charles VII se fit couronner à Poitiers, sans recevoir l'onction sainte : la ville du sacre, Reims, était au pouvoir de l'étranger ; puis, il se retira à Bourges. De là le surnom de roi de Bourges que les Anglais lui donnaient par dérision.

La guerre, un moment suspendue, à cause de la mort du roi, fut bientôt reprise par les partisans de Charles VII. Les capitaines dauphinois, presque tous chefs d'aventuriers, recommencèrent leurs courses hardies au nord de la Loire et y remportèrent çà et là quelques avantages. Bedford avait des différends avec le duc de Bourgogne, des embarras dans la Grande-Bretagne, et il soutenait mollement la lutte. Mais son découragement ou sa faiblesse ne fut pas de longue durée, et les Anglais écrasèrent et Dauphinois et Écossais, — les Écossais soutenaient le fils du Bien-Aimé, — à Crevant (1er juillet 1423), et à Verneuil (15 août 1424). Les Français avaient cru follement que la fortune de Henri V était morte avec lui ; ces deux funestes batailles leur prouvèrent qu'elle lui avait survécu et qu'elle planait, brillante toujours, sur le berceau de l'enfant-roi. Le joug de l'Anglais était imposé peut-être à la vieille Gaule par la Providence même.... Un découragement mortel rem-

8

plit tous les cœurs dauphinois. Dieu semblait
abandonner la bonne cause....

Une femme, Yolande d'Aragon, duchesse
douairière d'Anjou, reine douairière de Sicile,
et belle-mère du jeune roi, fit plus alors pour le
prince que tous les hommes de guerre n'avaient
fait jusque-là. Elle parvint à écarter les indignes
favoris, assassins du duc de Bourgogne, Tannegui du Châtel et autres, et décida Charles VII à
offrir l'épée de connétable à Arthur de Bretagne,
comte de Richemont, frère du duc de Bretagne
et beau-frère de Philippe le Bon. La Bretagne
« se tourna dauphinoise. »

Avec Richemont sembla changer la fortune de
la France; le roi retrouva des victoires; entre
autres triomphes, la défense de Montargis, où
Dunois et la Hire se couvrirent de gloire.

On raconte, à propos du siége de Montargis, un
trait curieux de la Hire. Peut-être nos jeunes
lecteurs le savent déjà.

« La Hire, ayant rencontré un chapelain peu
d'instants avant le combat, s'avisa, si peu dévot
qu'il fût, qu'il feroit bien de mettre ordre à sa
conscience; il appela le chapelain et dit qu'il lui
donnât hâtivement l'absolution. Le chapelain lui
dit qu'il confessât ses péchés. La Hire répondit
qu'il n'avoit pas le loisir, et qu'il avoit fait ce que
gens de guerre avoient accoutumé de faire. Sur
quoi le chapelain lui bailla absolution telle quelle.
Et lors la Hire fit sa prière à Dieu, en disant en
son gascon, les mains jointes : — Dieu, je te prie
que tu fasses aujourd'hui pour la Hire autant
que tu voudrois que la Hire fît pour toi, s'il

étoit Dieu et que tu fusses la Hire. — Et il cui-
doit (croyait) très-bien prier et dire. »

C'est à la Hire qu'on attribue ce mot qui peint si
bien les mœurs militaires du temps : « Si Dieu le
Père se faisoit gendarme, il deviendroit pil-
lard ; » et cet autre qui fit grande impression sur
Charles VII, dont la guerre, quelle qu'elle fût,
n'interrompait jamais les plaisirs : « Que jamais
ne s'étoit trouvé roi qui perdît si joyeusement
son royaume. »

Après quelques succès, vinrent de nouveaux
revers pour les Dauphinois. La guerre civile
qui s'alluma parmi eux, produite par les dissensions de la Trémoille et du connétable, com-
pliqua encore leurs embarras. Richemont dut se
retirer.

Sur ces entrefaites, arriva d'Angleterre Thomas Montagu, comte de Salisbury et du Perche,
habile général, *ordonné* par le parlement anglais
« pour venir en France faire guerre. » Un plan
de campagne régulier allait succéder aux sur-
prises de places, aux escarmouches et aux em-
bûches de la guerre de partisans à laquelle on
s'était borné depuis assez longtemps. « Après la
venue dudit comte, furent, pour plusieurs jours,
à Paris, tenus de grands conseils pour le fait de
la guerre. »

Le comte de Salisbury se porta immédiatement sur Orléans, véritable chef-lieu de la France
centrale et la clef du Midi.

Orléans était préparé à l'attaque des Anglais.
« Les Orléanais avaient prévu depuis longtemps
le péril qui les menaçait ; ils avaient compris la

grandeur des intérêts qui reposaient sur leur résistance et des devoirs qui leur étaient imposés ; ils sentaient que leur ville était le dernier boulevard de la France ; qu'il leur fallait renouveler l'héroïsme de Calais et de Rouen avec plus de bonheur. »

Les meilleurs capitaines de Charles VII, la Hire, Xaintrailles, Dunois, etc., pénétrèrent dans la place, ruinèrent le Portereau, vaste faubourg au midi de la Loire, qu'ils ne pouvaient défendre, et se préparèrent par la prière et de « pieuses processions » à la défense de la célèbre cité.

Le danger que courait Orléans produisit une impression profonde, une douleur indicible, dans les provinces fidèles. Bourges, Poitiers, la Rochelle et d'autres villes envoyèrent des secours d'hommes et d'argent. Il n'y eut point jusqu'à Charles VII qui ne se réveillât un peu de sa langueur ; ses destinées allaient se jouer sous les murs d'Orléans.

Le 12 octobre 1428, Salisbury planta ses pavillons devant la ville, du côté de la Sologne. Les Orléanais accueillirent les Anglais par une vigoureuse sortie, leur tuèrent beaucoup de monde.

Dès le 17 octobre, l'artillerie anglaise commença à tonner sur la ville et sur les Tournelles (les Tournelles, châtelet qui protégeait l'extrémité méridionale du pont d'Orléans). Le 21, « environ l'heure de midi, les Anglois livrèrent à toute leur puissance un fier et merveilleux assaut contre les François qui tenoient le boulevard du pont d'Orléans. » Ils furent accueillis « d'un terrible courage. » Bourgeois, femmes, vieillards, enfants se joignirent aux soldats pour la défense.... Les uns voituraient des pierres, d'autres faisaient chauffer de l'eau, des cendres, de la chaux vive, fondre de la graisse, rougir au feu des cercles de fer liés ensemble, qu'on jetait *à foison* du parapet sur les assaillants. « Aucunes femmes furent vues qui repoussoient à coups de lance les Anglois et les abattoient ès fossés. Les Anglois furent tant grevés, qu'ils cessèrent l'assaut. »

Le 24 octobre, les Tournelles, « peu garnies de gens de fait, la plupart ayant été blessés en l'assaut du jeudi, » tombèrent au pouvoir des Anglais. On s'y attendait ; néanmoins, l'inquiétude et la tristesse remplirent tous les cœurs.

Salisbury voulut entreprendre alors de cerner entièrement la ville, mais il fut frappé, le 27 octobre, d'un éclat de pierre « qui férit contre un des côtés par où le comte regardoit pour prendre ses nouvelles dispositions. Les Anglois, bien dolents et courroucés, prirent ledit comte et l'envoyèrent à Meung le plus chaudement qu'ils purent, auquel lieu il trépassa promptement. »

La nouvelle en vint dans la ville, malgré les précautions des Anglais. Les Orléanais racontèrent que Marie elle-même avait dirigé le boulet vengeur, et ils espérèrent.... Ils espérèrent dans le secours d'en haut.

Celui qui met son espérance dans le Seigneur sera-t-il jamais confondu? Celui qui invoque la mère de Dieu implorera-t-il en vain ?

Suffolk, et, sous lui, le fameux Talbot, remplacèrent Salisbury dans le commandement de l'armée anglaise devant Orléans.

Les Orléanais avaient pénétré la dernière pensée de Salisbury. Voyant une partie des Anglais repasser la Loire, ils avaient compris qu'ils allaient être assaillis du côté du nord, et ils n'hésitèrent point à renouveler et à compléter le douloureux sacrifice du Portereau par la destruction des faubourgs de la rive droite, « les plus beaux faubourgs du royaume, » dit le journal du siége.

Suffolk établit son quartier général dans le petit bourg de Saint-Laurent-des-Orgerils, à une portée de canon des murailles d'Orléans, vers l'ouest, et commença aussitôt de grands travaux pour enclore la cité dans un cercle de bastides bien fortifiées et fossoyées.

Des sorties continuelles troublèrent « les besognes » des Anglais, et les bastides n'empêchèrent point les assiégés de recevoir des secours et des vivres du dehors. Le passage était périlleux, mais non point impossible, et l'on passait.

Bientôt, hélas! on ne passa plus. Des troupes de secours, envoyées par les Dauphinois, ayant été complétement vaincues à Rouvrai-Saint-Denis, à la journée dite des *Harengs*, parce que les Français avaient essayé d'enlever un convoi de harengs destiné aux Anglais, le découragement remplit encore une fois tous les cœurs. Charles VII, retiré à Chinon, abandonné de presque tous les siens, dénué d'argent et se croyant en butte au courroux du ciel, songeait

à renoncer à la couronne et à chercher un asile
en Espagne ou en Écosse. Les Orléanais, ayant
échoué dans leur offre de mettre leur ville en
séquestre entre les mains du duc de Bourgogne,
pour que le régent anglais leur accordât « absti-
nence de guerre, » étaient résolus à résister
jusqu'à la mort, mais ils n'avaient plus d'espérance. Les Anglais, sûrs d'avoir bientôt la ville
à leur merci, débattaient déjà les plans de leur
prochaine campagne au midi de la Loire et l'ex-
pulsion définitive du roi de Bourges. Tous les
Français, épuisés de misère et de maux, se tournaient du côté de l'Angleterre et lui criaient
merci..... La glorieuse monarchie de Clovis, de
Charlemagne et de saint Louis, semblait toucher
à son heure dernière ; mais si tout secours humain manquait au beau royaume de France,
Dieu était là qui veillait, toujours bon, toujours
puissant, sur la nation française, la première des
nations....

« Il courait depuis un temps, dit M. de Ba-
rante, une certaine prophétie qui annonçait que
la France, perdue par une femme, serait sauvée
par une femme. Il paraissait bien, en effet, que
la reine Isabeau avait jeté le royaume à sa perte
en le livrant aux Anglais. Mais qui viendrait le
délivrer ?

« Déjà une femme, nommée Marie d'Avignon,
était venue trouver le roi et avait voulu lui faire
de grandes révélations touchant la désolation du
royaume. Elle avait eu, disait-elle, beaucoup de
visions merveilleuses. Une fois, il lui était ap-
paru des armes ; et comme elle éprouvait une

grande frayeur, sa vision l'avait assurée que ces
armes n'étaient pas pour elle, mais bien pour
une autre femme qui finirait les maux de la
France.

« Dans le même temps, il y avait au village de
Domremy, sur les marches de la Champagne, de
la Bourgogne et de la Lorraine, une jeune fille
nommée Jeanne d'Arc, qui en avait aussi, et
même de plus surprenantes. C'était la fille d'un
simple paysan; elle avait été élevée selon son
état, mais avec une extrême piété Sa dévotion
et sa sagesse édifiaient tout le canton. Elle était
aussi bonne Française, et n'aimait point les
Bourguignons ni les Anglais; car, dans ces temps
de malheurs, la discorde divisait même les gens
de campagne, et l'on voyait jusqu'aux petits enfants se battre et se meurtrir à coups de pierres,
quand ils étaient de deux villages de faction différente. Jeanne, qui n'avait alors que dix-sept ou
dix-huit ans, n'avait, depuis sa naissance, rien
vu autre chose que la misère du pauvre peuple
de France, et l'avait toujours entendu imputer
aux victoires des Anglais, à la haine des Bourguignons.

« De bonne heure, et vers l'âge de treize ans,
ses visions avaient commencé. Elle avait d'abord
vu une grande lumière et entendu une voix qui
lui commanda seulement d'être bonne et sage, et
d'aller souvent à l'église. Une autre fois, elle entendit encore la voix, vit encore la clarté; mais
il lui apparut aussi des personnages d'un bien
noble maintien; l'un d'eux avait des ailes aux
épaules et semblait un sage prud'homme; il lui

dit d'aller au secours du roi, et qu'elle lui rendrait tout son royaume.

« Elle répondit, assurait-elle, qu'étant une pauvre fille des champs, elle ne saurait ni monter à cheval, ni conduire des hommes d'armes. Mais la voix lui dit d'aller trouver messire de Baudricourt, capitaine en la ville de Vaucouleurs, qui la ferait mener vers le roi.

« Une troisième fois, elle connut que ce grand personnage était saint Michel. Elle commença à se rassurer et à le croire. Il lui parla encore de la grande pitié que faisait le royaume de France, lui recommanda d'être bonne et sage enfant, et que Dieu lui aiderait....

« La prophétie dont nous avons parlé était aussi connue dans ces contrées, et l'on ajoutait même que c'était une vierge des marches de Lorraine qui devait rétablir la France. Jeanne apprit par les voix qu'elle entendait, que c'était elle, et dès lors elle résolut d'aller trouver le dauphin (Charles VII).

« La colère de son père, qui eût mieux aimé la voir noyée que de s'en aller avec les gens d'armes, ne pouvait lui faire changer son dessein ; car les voix la commandaient. Elle alla donc, avec un de ses oncles, trouver le sire de Baudricourt à Vaucouleurs. Il la croyait folle, et refusa d'abord de la voir, disant qu'il fallait la ramener à son père, pour qu'elle fût bien soufflétée. Quand il consentit à la recevoir, elle le reconnut, parmi quelques autres, par l'avertissement des voix. Elle dit qu'elle venait de la part de son Seigneur, à qui appartenait le royaume

8.

de France, et non pas au dauphin ; mais que ce
Seigneur voulait donner le royaume en garde au
dauphin, et qu'elle le mènerait sacrer....

« — Qui est ce Seigneur ? demanda le sire de
Baudricourt.

« — Le roi du ciel, répondit-elle.

« Il ne changea point de jugement sur elle, et
la renvoya.

« Cependant, elle s'était établie chez un char-
ron de Vaucouleurs, et sa piété faisait l'admira-
tion de toute la ville. Le sire de Baudricourt,
ébranlé par tout ce qu'il entendait dire, s'en
vint voir Jeanne avec le curé ; et là, enfermés
avec elle, le prêtre, tenant sa sainte étole, l'ad-
jura, si elle était mauvaise, de s'éloigner d'eux.
Elle se traîna sur les genoux pour venir adorer
la croix ; rien en elle ne témoigna ni crainte ni
embarras. Le sire de Baudricourt consentit enfin
à l'envoyer au roi.

« Les voix lui avaient ordonné depuis longtemps de prendre un vêtement d'homme, pour
s'en aller parmi les gens de guerre ; on lui en fit
faire avec le chaperon ; elle chaussa des hous-
seaux et attacha des éperons. On lui acheta un
cheval ; sire Robert de Baudricourt lui donna
une épée, et tandis que toute la ville, en grande
émotion, s'assemblait pour la voir partir : « Va,
« lui dit-il, et advienne que pourra. »

« ...... C'était une entreprise difficile que de
traverser un si grand espace de pays parmi les
compagnies de Bourguignons, d'Anglais et de
brigands qui se répandaient de tous côtés. Il fallait s'écarter des chemins fréquentés, prendre

gîte dans les hameaux, chercher route à travers
les forêts, passer les rivières à gué durant l'hiver. Jeanne avait peu de soucis de telles précautions; elle ne craignait rien; elle ne doutait pas
d'arriver jusqu'au dauphin. Son seul déplaisir,
c'est que ses conducteurs ne lui permettaient
point d'entendre chaque jour la messe.

« Arrivée à Gien, elle se trouva sur terre
française; là, elle apprit plus en détail les malheurs et les dangers de la ville d'Orléans. Elle
dit hautement qu'elle était envoyée de Dieu pour
la délivrer, puis faire sacrer le dauphin. Le bruit
de ces paroles se répandit et vint jeter quelque
bonne espérance au cœur des pauvres assiégés.

« Les voyageurs ne voulurent pas arriver droit
auprès du roi à Chinon; ils s'arrêtèrent au village de Sainte-Catherine-de-Fierbois. Là, Jeanne
fit écrire au roi une lettre, pour lui dire qu'elle
venait de loin à son secours, et qu'elle savait
beaucoup de bonnes choses pour lui. Bientôt elle
reçut la permission de venir à Chinon.... Là
comme à Vaucouleurs, elle commença à étonner
tous ceux qui la voyaient par ses paroles, par la
sainteté de sa vie, par la ferveur de ses prières,
durant lesquelles on la voyait souvent verser des
larmes. Elle communiait fréquemment, elle jeû-
nait avec sévérité. Ses discours étaient toujours
les mêmes, répétant avec assurance les promesses de ses voix.

« Après trois jours de consultation, le roi consentit enfin à la voir.... Mais, pour l'éprouver,
il ne se montra point d'abord et se tint un peu à
l'écart. Le comte de Vendôme amena Jeanne, qui

se présenta bien humblement, comme une pauvre petite bergerette. Cependant elle ne se troubla point, et bien que le roi ne fût pas si richement vêtu que beaucoup d'autres qui étaient là, ce fut à lui qu'elle vint. Elle s'agenouilla devant lui, embrassa ses genoux. « Ce n'est pas « moi qui suis le roi, Jeanne, dit-il en montrant « un de ses seigneurs, le voilà. — Par mon Dieu, « gentil prince, reprit-elle, c'est vous, et non « autre. » Puis elle ajouta : « Très-noble seigneur « dauphin, le Roi des cieux vous mande par « moi que vous serez sacré et couronné en la « ville de Reims, et vous serez lieutenant du « royaume de France. »

« Le roi, pour lors, la tira à part et s'entretint avec elle longtemps. Elle semblait se plaire à ce qu'elle disait, et son visage devenait joyeux en l'écoutant. Il fut raconté que, dans cet entretien, elle avait dit au roi des choses si secrètes, que lui seul et Dieu les pouvaient savoir ; elle-même rapporta qu'après avoir répondu à beaucoup de questions, elle avait ajouté : « Je te dis, « de la part de mon Seigneur, que tu es vrai « héritier de France et fils du roi. » Et il se trouvait précisément que, peu auparavant, le roi, accablé par ses chagrins et presque sans espérance, s'était retiré dans son oratoire. Là, il avait, au fond de son cœur et sans prononcer de paroles, prié Dieu que, s'il était véritable héritier descendu de la noble maison de France, et que le royaume dût justement lui appartenir, il plût à sa divine bonté de le lui garder et défendre.

« De moment en moment, elle gagna en faveur auprès du roi. On la faisait monter à cheval, et l'on trouvait qu'elle s'y tenait fort bien,
avec beaucoup de grâce ; on lui fit même courir
des lances, et elle y montra de l'adresse. Les
serviteurs du roi et les seigneurs étaient donc
presque tous d'avis de croire à ses paroles; mais
les conseillers et surtout le chancelier n'étaient
pas si prompts à ajouter foi à tout ce qu'elle promettait ; c'était chose périlleuse au roi de régler
sa conduite sur les discours d'une villageoise,
que quelques-uns regardaient comme folle....
En outre (et ceci semblait bien plus grave),
quelle assurance avait-on que les visions et
l'inspiration de cette fille ne vinssent pas du dé-
mon ou de quelque pacte fait avec lui ?

« Pour mieux éclaircir des doutes si graves, le
roi alla à Poitiers et y fit conduire Jeanne. L'université de cette ville était célèbre; le parlement
de Paris y siégeait ; présidents, conseillers, religieux, docteurs, tous l'interrogèrent les uns
après les autres, et chacun lui fit les questions
les plus captieuses et les plus capables de la dé-
concerter. Elle répondit à tout avec autant de
précision que de justesse. « Mais si Dieu veut
« délivrer la France, lui disait-on, il n'a pas
« besoin de gens d'armes. — Eh ! mon Dieu,
« répliqua-t-elle, les gens d'armes batailleront,
« et Dieu donnera la victoire ! — Et quel langage
« parlent vos voix? lui dit avec son accent limou-
« sin frère Séguin, qui l'interrogeait plus aigre-
« ment que les autres. — Meilleur que le vôtre,
« répondit-elle avec un peu de vivacité. — Si

« vous ne donnez pas d'autres signes pour faire
« croire à vos paroles, ajouta-t-il, le roi ne
« pourra pas vous prêter d'hommes d'armes ;
« car vous les mettriez en péril. — Par mon
« Dieu, dit-elle, ce n'est pas à Poitiers que je
« suis envoyée pour donner des signes ; mais
« conduisez-moi à Orléans avec si peu d'hommes
« d'armes que vous voudrez, et je vous montre-
« rai des signes pour me croire. Le signe que je
« dois donner, c'est de faire lever le siége
« d'Orléans. »

« Enfin, tout fut décidé conformément au
désir de la jeune inspirée. On lui fit faire une
armure complète ; mais elle dit que, par l'ordre
de ses voix, elle voulait une vieille épée mar-
quée de cinq croix, qu'on trouverait dans la
chapelle de Sainte-Catherine-de-Fierbois. L'ar-
murier du roi s'y rendit, et on en découvrit en
effet une, telle qu'elle l'avait demandée, parmi
les vieilles armes jadis données à la chapelle, et
qui étaient entassées près de l'autel.

« Par le commandement de son conseil céleste,
elle fit faire un étendard de couleur blanche,
semé de fleurs de lis, sur lequel était figuré le
Sauveur des hommes, assis en son tribunal dans
les nuées du ciel, tenant un globe à la main.
Deux anges étaient en adoration, et l'un d'eux
portait une branche de lis. De l'autre côté, elle
avait fait écrire : « Jhesus, Maria. » C'était pour
elle un sûr gage de victoire. »

Cependant le bruit des choses extraordinaires
qui se passaient à Chinon était parvenu dans les
murs d'Orléans et dans le camp des Anglais. Les

Orléanais renaissaient à l'espérance ; les Anglais,
qui n'admettaient pas que Jeanne pût être l'envoyée
du ciel, commençaient à croire qu'elle
pouvait bien être l'instrument de l'enfer....

Vers le 24 avril 1429, six cents combattants
parvinrent à s'introduire dans la place, annonçant
le grand secours.

En même temps, un héraut portait aux généraux
anglais une lettre de Jeanne. (Les voix
avaient ordonné à Jeanne d'offrir la paix aux Anglais
avant de les frapper du glaive.)

« † JHESUS, MARIA. †

« Roi d'Angleterre, et vous, duc de Bedford,
qui vous dites régent du royaume de France ;
vous, Guillaume de la Poule (Pole), comte de
Sulford (Suffolk) ; Jehan, sire de Talebot (Talbot),
et vous, Thomas, sire d'Escales (Scales),
qui vous dites lieutenants du dit duc de Bedford,
faites raison au roi du ciel : rendez à la Pucelle,
qui est ci envoyée de par Dieu, le Roi du ciel,
les clefs de toutes les bonnes villes que vous
avez prises et violées en France. Elle est ci venue
de par Dieu pour réclamer le sang royal.
Elle est toute prête de faire paix, si vous lui
voulez faire raison, par ainsi que France vous
mettrez jus et paierez ce que vous l'avez tenu
(à condition que vous renonciez à la France et
que vous l'indemnisiez). Et, entre vous, archers,
compagnons de guerre, gentils (nobles)
et autres, qui êtes devant la ville d'Orléans,
allez-vous-en en votre pays, de par Dieu, et, si

ainsi ne le faites, attendez les nouvelles de la Pucelle, qui vous ira voir brièvement (sous peu) à vos bien grands dommages. Roi d'Angleterre, si ainsi ne le faites, je suis chef de guerre, et, en quelque lieu que j'atteindrai vos gens en France, je les en ferai aller, veuillent ou non veuillent. Et si ne veulent obéir, je les ferai tous occire. Je suis ci envoyée de par Dieu, le Roi du ciel, corps pour corps, pour vous bouter hors de toute France. Et s'ils veulent obéir, je les prendrai à merci. —Et n'ayez point en votre opinion, car vous ne tiendrez point le royaume de France de Dieu, le Roi du ciel, fils de sainte Marie; ains (mais) le tiendra le roi Charles, vrai héritier, car Dieu, le roi du ciel, le veut, et lui est révélé par la Pucelle; lequel entrera à Paris à bonne compagnie. — Si ne voulez croire les nouvelles de par Dieu et la Pucelle, en quelque lieu que vous trouverons, nous férirons (frapperons) dedans, et y ferons un si grand hahay que encore a il (y a-t-il) mille ans qu'en France ne fut si grand, si vous ne faites raison. Et croyez fermement que le Roi du ciel enverra plus de force à la Pucelle que vous ne lui sauriez mener de tous les assauts, à elle et à ses bonnes gens d'armes, et aux horisons verra-t-on qui aura meilleur droit du Dieu du ciel ou de vous. Vous, duc de Bedford, la Pucelle vous prie et vous requiert que vous ne vous fassiez mie détruire. Si vous lui faites raison, encore pourrez-vous venir en sa compagnie, l'où que les François feront le plus beau fait que oncques fust fait pour la chrétienté. Et faites réponse si vous voulez faire paix en la cité d'Orléans ; et si ainsi ne le faites, de vós bien grands dommages vous souvienne brièvement. Ecrit ce mardi, semaine sainte (22 mars.). »

Sur le dos de la lettre était écrit : « Entendez les nouvelles de Dieu et de la Pucelle. »

Jeanne suivit de près sa lettre.

Le 29 avril, elle était sous les murs d'Orléans avec un assez gros corps de troupes. En tête de la petite armée de Jeanne marchaient des prêtres chantant pour chant de guerre le *Veni Creator*, et portant une bannière représentant le Christ sur la croix. « Ces prêtres, ces chants, ces bannières inconnues, cet appareil inusité frappèrent les Anglais d'une crainte superstitieuse.... »

Ils restèrent enfermés dans leurs camps.

La Pucelle entra le soir dans Orléans, armée de toutes pièces, montée sur un cheval blanc et faisant porter devant elle sa blanche bannière ; elle alla droit à la cathédrale aux acclamations des « bonnes gens de la ville, hommes, femmes et petits enfants, qui faisoient telle joie comme s'ils vissent Dieu descendre entre eux. »

Jeanne d'Arc écrivit d'Orléans une seconde lettre aux Anglais ; les Anglais lui renvoyèrent de *vilaines paroles*, l'appelant *vachère* et la menaçant de la faire brûler, s'ils pouvaient la prendre. Du haut du boulevard construit sur le pont d'Orléans, à portée de la voix des Tournelles, la jeune fille leur fit, en personne, une troisième sommation ; ils répondirent par des injures.

Jeanne était vue de mauvais œil par la plupart des chefs français, honteux d'obéir à une femme et jaloux à l'avance de la gloire qui lui était peut-être réservée. Le 4 mai, pendant qu'elle prenait quelques instants de repos après une rude chevauchée, ils tentèrent une sortie....

Mais à peine Jeanne avait-elle fermé les yeux, qu'elle s'éveilla avec de grands cris : « Mes voix m'appellent.... Nos gens ont bien à besogner !... Le sang de nos gens coule par terre ! Mes armes! mes armes ! mon cheval.... » Son page accourut. « Oh! sanglant garçon (méchant garçon), s'écria-t-elle, vous ne me disiez pas que le sang de France fût répandu. » Elle fut armée en un instant, courut au lieu du combat, son étendard à la main. Les Français, qui avaient tenté une attaque sur la bastide anglaise de Saint-Loup, fuyait déjà en désordre.... La Pucelle les ramène au combat, à l'assaut.... La bastide se défendit trois heures ; enfin elle fut forcée, brûlée et démolie....

C'était la première fois que la bergère de Domremy assistait à un combat. Elle ne contempla pas sans émotion le sol jonché de cadavres anglais. « La femme reparut sous le héros, dit M. Henri Martin, elle pleura.... »

« Aucun d'eux n'était mort de sa main, continue le savant écrivain. Par une contradiction touchante, elle qui se disait *chef de guerre*, qui venait comme un ange exterminateur contre les tyrans de sa patrie, elle avait horreur du sang ; elle ne pouvait, comme elle l'a souvent répété, se résoudre à *tuer personne*. Risquant sa vie sans attaquer celle des autres, elle se jetait à travers la mêlée, son étendard à la main, et ne tirait l'épée qu'à la dernière extrémité. »

Le 6 mai, nouvelle sortie des assiégés, cette fois la Pucelle à leur tête. Ils se portèrent sur les bastides du côté de la Sologne. Jeanne planta son étendard sur le bord du fossé; mais *il survint un cri*, que les Anglais de la rive droite accouraient en grande puissance au secours de leurs frères. Les Français épouvantés reculèrent.... *En nom Dé* (en nom Dieu)! s'écria Jeanne en couchant sa lance et en s'élançant la première contre les Anglais. La Hire la suivit, puis bien d'autres.... Les Anglais, effrayés à leur tour, prirent « la fuite laide et honteuse. » La bastide Saint-Augustin fut emportée.

Le soir de ce même jour, la plupart des capitaines français tinrent conseil sans appeler Jeanne, et résolurent de ne plus rien entreprendre avant d'avoir reçu de nouveaux renforts; ils craignaient, sans doute, que la gloire de Jeanne n'éclipsât leur propre gloire.

Quand la Pucelle connut cette résolution : « Vous avez été en votre conseil, leur dit-elle, et j'ai été au mien. Le conseil de *Messire* s'accomplira; celui des hommes périra ! Nous combattrons demain. »

Le lendemain, elle était à cheval dès l'aube; mais on ferma les portes devant elle. Elle commanda au peuple de les ouvrir et s'élança hors de la ville. Les hommes de guerre s'élancèrent après elle. Les capitaines soutinrent le mouvement qu'ils n'avaient pu empêcher.

On attaqua les Tournelles; ce fut un combat de géants.... Les Français se ruèrent à l'assaut

« comme s'ils eussent cru être immortels, » dit le journal du siége. A travers les boulets, les flèches, les carreaux, les pierres, ils arrachaient les palissades, ils comblaient les fossés, ils gravissaient au plus haut des fortifications, mais pour en retomber aussitôt, renversés par les haches, les piques et les maillets des Anglais....

La lutte durait depuis trois heures, quand Jeanne saisit une échelle et y monte la première. Au moment où elle allait atteindre le rempart, un carreau d'arbalète la frappe, la renverse.... On l'emporte. Les Anglais criaient victoire, les Français pliaient, fuyaient.... Jeanne reparaît intrépide, menaçante. *En nom Dé!* s'écrie-t-elle en élevant son étendard et en courant à l'ennemi. Les Français reviennent avec l'impétuosité de l'ouragan.... Alors les Anglais, frappés de vertige et croyant voir dans les airs des armées de fantômes, cessent toute résistance.... Les Tournelles tombent au pouvoir de Jeanne.

C'était le 7 mai....

Le 8, jour de dimanche, on vit, au lever du soleil, les Anglais lever leur camp et chevaucher au loin dans la plaine. Gens d'armes et peuple, chantant des cantiques de joie, voulaient les poursuivre. « Pour l'amour et honneur du saint dimanche, s'écria Jeanne, s'ils veulent partir, laissez-les aller et ne les occiez point! Qu'ils se départent! Leur partement me suffit. »

Ainsi fut levé le siége d'Orléans.

Orléans n'attribua sa délivrance qu'à Jeanne et au Dieu qui l'avait envoyée.

N'était-ce point en effet un miracle ? Les Anglais, vingt fois plus nombreux que les assiégés, avaient été forcés dans des positions inexpugnables. La victoire appartient à celui-là seul à qui le Dieu des armées veut bien la donner

Dès le lendemain, Jeanne prit congé des Orléanais, qui pleuraient de joie et de tendresse et la remerciaient à genoux. Elle se rendit par Blois à Loches, où était Charles VII, à qui elle voulait donner elle-même les nouvelles de la noble besogne. Partout les populations accoururent en foule sur son passage, pour la bénir et baiser la trace de ses pas. Le roi la reçut à grand honneur. « Elle ne demandait pas qu'on l'honorât, mais que le roi la crût et la suivît ; car elle annonçait qu'il était temps que le roi fût prêt de se mettre en chemin pour son couronnement à Reims. « Par mon martin (par mon bâton), disait-elle, je conduirai le gentil roi Charles jusques à Reims sûrement et sans destourbier, et là le verrai couronner !... Je ne durerai guère qu'un an, disait-elle encore, il faut songer à me bien employer. »

Charles et son conseil se récriaient sur l'impossibilité de l'entreprise : « Les ennemis du roi ont trop grande puissance ! Le roi n'a mie assez de finances pour soudoyer une armée !... » Ces hésitations désolaient la Pucelle. « Quand elle étoit trop affligée, elle se tiroit à part et se plaignoit à Dieu de ce qu'on ne la croyoit point, et, son oraison faite, elle entendoit une voix qui disoit : «Fille Dé (fille de Dieu), va, va, va, je

« serai à ton aide; va ! » Et lors elle étoit grandement réconfortée. »

Jeanne l'emporta enfin à demi : le roi promit de marcher sur Reims, mais quand on aurait reformé une armée. En attendant, la Pucelle demanda quelques gens de guerre pour débarrasser des garnisons anglaises le cours de la Loire. Après trois semaines d'hésitation, on lui donna douze cents lances, et elle partit avec Dunois et le duc d'Alençon. Sa marche fut un véritable triomphe : Jargeau, Meung, Beaugenci tombèrent en son pouvoir, et l'éclatante journée de Patai, en terminant cette glorieuse expédition, anéantit la belle armée avec laquelle les Anglais avaient cru achever la conquête de la France. « Les champs de l'Orléanais l'avaient dévorée tout entière. »

L'effet de cette campagne de huit jours fut prodigieux; peuple et soldats ne connurent plus que Jeanne. La sublime enfant ne changeait pas seulement la fortune; comme Jésus lui-même, elle changeait les âmes. Le soldat oubliait son avidité et ses passions brutales; il venait sans pillage, sans marché pour sa solde, vivait de ce qu'on lui donnait, content de tout, pourvu qu'il suivît la Pucelle. Le gentilhomme mettait bas son orgueil. Trop pauvre pour avoir destrier et armure, il arrivait sur un petit roussin, équipé en archer ou en coutelier. Ce n'était qu'un cri dans le peuple et dans l'armée : « A Reims! à Reims! »

Il n'y avait qu'un lieu, dans le parti de la France, où le cri public n'eût point d'écho : c'é-

tait le cabinet du roi. Là, Jeanne s'était heurtée
d'abord contre l'incrédulité; maintenant c'était
contre la peur des trop grands services. Le roi
ressentait une sourde jalousie contre cet ascen-
dant impétueux qui entraînait tout. Un dévoue-
ment si éclatant l'offusquait; il sentait qu'il n'a-
vait rien à rendre à qui lui donnait tant.

Après la victoire de Patai, Jeanne vint rejoindre le roi à Sully-sur-Loire, et entreprit
de le réconcilier avec le connétable de Richemont, qui, en dépit de la Trémoille et de
Charles VII lui-même, avait combattu à Patai
dans les rangs de la Pucelle ; elle voulut aussi en-
traîner l'ingrat monarque à Orléans. Elle échoua
dans l'un et l'autre de ces desseins. Charles, qui
ne pensait et n'agissait que par la Trémoille,
déclara qu'il ne voulait point des services du
connétable, et qu'il n'irait point à Orléans.

Le roi cependant avait publié son ban de
guerre et assigné le rendez-vous général à Gien.
Les chevaliers et les hommes d'armes y accouraient en foule. Charles s'y rendit lui-même.

Mais là, une fois encore, tout fut remis en
question. « Il y a, disait-on, entre Gien et Reims,
trop de cités, trop de châteaux, trop de places
fortes bien garnies d'Anglais et de Bourguignons ! Mieux vaut assiéger premièrement Cosne
et la Charité, parachever de nettoyer le fleuve
de Loire.... » D'autres princes du sang et capitaines voulaient qu'on allât en Normandie, c'est-
à-dire partout ailleurs qu'à Reims. Mais un cri
s'éleva dans l'armée : Reims! Reims!... Et l'on
ne put résister à l'armée.

Elle se mit en marche le 29 juin.

L'expédition était, il est vrai, *un hardi voyage :* soixante lieues de pays occupé par l'ennemi.... Plusieurs grosses villes toutes anglaises ou bourguignonnes.... Et l'on était sans argent, sans provisions, sans artillerie....

L'armée se présenta d'abord devant Auxerre. Auxerre promit de se soumettre comme se soumettraient Troyes, Châlons et Reims. Les députés de la bonne ville payèrent secrètement grosse somme au favori; le roi octroya la requête au grand mécontentement de Jeanne, qui voulait la soumission entière ou l'assaut, et l'on passa outre.

A Troyes, le peuple et le clergé inclinaient à *se tourner français*, mais la noblesse était toute bourguignonne.

On tint conseil dans le camp du roi . « Serai-je crue de ce que je dirai? demanda Jeanne en s'adressant à Charles. — Je ne sais, répondit-il : si vous dites chose raisonnable et profitable, je vous croirai volontiers. — Serai-je crue? reprit-elle avec force. — Oui, selon ce que vous direz. — Noble dauphin, ordonnez à votre gent d'assiéger la ville, et ne tenez pas plus longs conseils; car, en nom Dieu, avant trois jours, je vous introduirai en la ville de Troyes par amour ou par puissance. — Jehanne, dit le chancelier, si l'on étoit certain de l'avoir dans six jours, on attendroit bien, mais je ne sais si ce que vous dites est vrai. — Ne doutez de rien ! s'écria-t-elle, en s'adressant de nouveau au roi; vous serez demain maître de la cité. »

On la laissa faire.

C'était le soir.

Jeanne rangea l'armée en bataille.

Le lendemain, au lever de l'aurore, quand ils virent flotter sur les murs l'étendard sacré de la Pucelle, quand ils entendirent Jeanne commander l'assaut, les assiégés furent glacés de terreur.... Le peuple cria d'une seule voix qu'il voulait traiter, « voulussent ou non seigneurs et chevaliers.... » Le roi entra en triomphe dans la ville.

Dès le jour suivant, l'armée se remit en marche, se dirigeant sur Châlons, et « la Pucelle allant toujours devant, armée de toutes pièces. »

Le peuple de Châlons se porta joyeusement au-devant du roi et de l'ange de Dieu....

Enfin, le dix-huitième jour du voyage, on aperçut les tours de Notre-Dame de Reims. Le gouverneur, Bourguignon opiniâtre, se prépara à la résistance, mais le peuple ouvrit les portes de la ville sainte.

La nuit fut employée aux préparatifs du sacre; à force de diligence, tout fut prêt pour le lendemain : c'était le dimanche 17 juillet.

Jeanne employa ces heures d'attente à dicter une lettre au duc de Bourgogne. Elle le suppliait « à mains jointes, de par le Roi du ciel, de faire bonne paix avec le roi de France. — Pardonnez l'un à l'autre de bon cœur, comme doivent faire loyaux chrétiens ! — Tous ceux qui guerroient au saint royaume de France, guerroient contre le roi Jhésus, et ne gagneront plus de batailles à l'encontre des loyaux François. »

9

Le sacre eut lieu à Notre-Dame de Reims, selon les rites accoutumés. La Pucelle assistait, l'étendard à la main, à cette cérémonie si glorieuse pour elle....

Après que les pairs eurent proclamé le roi, et que Charles VII eut reçu l'onction sainte, Jeanne s'avança vers lui et lui embrassa les genoux, en *pleurant à chaudes larmes.* « Gentil roi, lui dit-elle, ores est exécuté le plaisir de Dieu, qui vouloit que vous vinssiez à Reims recevoir votre digne sacre, en montrant que vous êtes vrai roi et celui auquel le royaume doit appartenir! »

Des acclamations mêlées de pleurs accueillirent ces paroles. « On sentait que rien de si grand ne s'était accompli dans la cité de saint Remi, depuis le jour où l'apôtre des Francs avait initié Clovis et son peuple à la foi du Christ. »

A Orléans, la Pucelle avait crié: « à Reims!... » A Reims, elle cria : « A Paris! à Paris! » Toute l'armée répéta ce cri. Mais si les hommes d'armes, les jeunes seigneurs et la fleur des capitaines, Alençon, René d'Anjou, les Bourbons, Dunois, la Hire, partageaient l'enthousiasme de Jeanne et croyaient à la sainteté de sa mission, les deux conseillers intimes du roi, la Trémoille et Regnauld de Chartres, jaloux jusqu'à la fureur de la gloire de la jeune fille, se déclaraient positivement contre l'envoyée de Dieu et inspiraient leur haine au faible et ingrat Charles VII.

On n'alla donc pas à Paris; on soumit les villes secondaires de la Champagne et l'on se proposa de regagner la Loire, afin que ne s'accomplît pas cette parole de Jeanne : « Je rendrai Paris au roi, après son couronnement. »

Si de Reims on eût couru à Paris, comme le voulait la Pucelle, Paris tombait sans coup férir au pouvoir du roi. Bedford l'avait compris, et, sachant bien que les Parisiens ne resteraient point fidèles à Henri VI par amour pour les Anglais, il avait appelé à son aide le duc de Bourgogne, toujours l'idole des masses de la bonne ville. Philippe le Bon avait rappelé le guet-apens de Montereau-Faut-Yonne, et la tyrannie des Armagnacs; il avait représenté les Dauphinois comme d'autres Armagnacs plus cruels et plus sanguinaires.... Le peuple effrayé avait juré, en levant les mains, que tous seraient bons et loyaux au régent et au duc de Bourgogne.

Le 7 septembre, près de deux mois après le sacre, le roi entra enfin à Saint-Denis, qu'avait soumis la Pucelle. Quelque instance que lui fît Jeanne, il ne voulut point marcher sur Paris.

Une attaque fut cependant tentée le 8. La Pucelle fut blessée.... Malgré sa blessure, elle resta au milieu des hommes d'armes, les excitant au combat, leur promettant la victoire. Déjà on avait remporté quelques avantages, mais les mortels ennemis de Jeanne ne lui laissèrent pas le temps d'achever son œuvre; ils l'enlevèrent malgré elle du champ de bataille, et Charles VII, qui aimait mieux, sans doute, n'avoir point de Paris que de le devoir au sauveur de la France, donna l'ordre à l'armée de le suivre sur la Loire. « Au partement du roi, la Pucelle ne put trouver aucun remède. »

« Le complot impie avait réussi, dit M. Henri Martin ; le roi, le favori et Regnauld de Chartres étaient parvenus à repousser la main de la Providence et à *faire manquer la mission de Jeanne*, sauf à ajourner indéfiniment la délivrance de la France. L'infaillibilité de la Pucelle était démentie aux yeux du peuple et de l'armée, non par sa faute, ni par l'abandon de la fortune ou l'affaiblissement de son inspiration, mais par les manœuvres de ceux-là mêmes au profit de qui elle avait accompli tant de miracles. »

Ce fut alors que Jeanne, sentant l'œuvre de Dieu faillir par l'ingratitude et l'impiété des hommes, voulut se séparer du roi.... On la retint, les uns par sympathie, les autres par politique. « Contre le vouloir du Seigneur même, et à très-grand regret, elle se mit en la compagnie du roi.... »

Huit jours après, le roi était revenu à Gien, son point de départ, et son armée se dispersait.

La guerre, guerre de partisans, continua sur plusieurs points avec des alternatives de revers et de succès. Le roi n'y prit nulle part ; il signait trêve sur trêve avec le duc de Bourgogne, et se contentait de promesses, en même temps qu'il retenait dans l'inaction la Pucelle, « très-marrie de ce qu'il n'entreprenoit à conquêter de ses places sur ses ennemis. »

Enfin on la laissa remonter à cheval, mais pour une obscure et petite campagne avec le seigneur d'Albret, beau-frère de la Trémoille, contre quelques forteresses anglo-bourguignonnes. Elle remporta une éclatante victoire à

Saint-Pierre-le-Moutier, où, presque seule au milieu des ennemis, elle rappela ses troupes qui fuyaient, par ce mot inspiré, et qui fit croire à une intervention de l'armée céleste : « J'ai encore avec moi cinquante mille de mes gens. »

Jeanne retrouvait ses inspirations, ressaisissait sa puissance.... Elle pria, elle supplia qu'on la laissât rentrer dans l'Ile-de-France, où ses voix l'appelaient.... Le roi s'y refusa positivement. Il l'envoya « avec peu de gens » à la Charité-sur-Loire.

Elle obéit, mais elle marcha à contre-cœur ; ses voix se taisaient.... Elle fut vaincue.

On avait désormais un prétexte pour empêcher Jeanne de rien entreprendre ; mais Jeanne ne put rester longtemps dans l'inaction.

Vers le milieu d'avril 1430, « le roi étant en la ville de Sully-sur-Loire, la Pucelle, qui avoit vu et entendu tout le fait et la manière que le roi et son conseil tenoient pour le recouvrement de son royaume, elle, très-mal contente de ce, trouva manière de soi départir d'avec eux, et, sans le su du roi, ni prendre congé de lui, elle fit semblant d'aller en aucun débat, et, sans retourner, s'en alla à la ville de Lagni-sur-Marne, pour ce que ceux de la place faisoient bonne guerre aux Anglois de Paris et ailleurs. »

Suivie d'une petite troupe de braves gens attachés à elle jusqu'à la mort, elle partit donc sans congé, sans retour, l'âme divisée contre elle-même, disputée entre les éclatantes promesses du passé et les pressentiments funèbres de l'avenir. La vision, naguère si resplendissante,

descendait maintenant à traits sombres. Ses
voix se firent entendre à elle sur les fossés de
Melun : « Jehanne, tu seras prise avant la Saint-
Jehan ! Il faut qu'il soit ainsi fait ! Ne t'étonne
point ; prends tout en gré ; Dieu t'aidera ! »

Elle garda le silence sur ces tristes révélations
et continua à lutter avec courage contre les ennemis de son pays et de son roi. Elle remporta
un dernier triomphe sur un aventurier anglo-
bourguignon qui ravageait la contrée, et courut
s'enfermer à Compiègne, qu'assiégeait le duc de
Bourgogne.

Là, les voix renouvelèrent presque chaque
jour la triste prophétie d'une prochaine captivité. Suivant une tradition conservée à Compiègne, « la Pucelle, un bon matin, fit dire une
messe à Saint-Jacques, se confessa et reçut son
Créateur, puis se retira près un des piliers de
ladite église, et dit à plusieurs gens de la ville
qui là étoient (il y avoit cent ou six-vingts petits
enfants qui moult désiroient à la voir) : « Mes
« enfants et chers amis, je vous signifie que l'on
« m'a vendue et trahie, et que, de brief, je serai
« livrée à la mort. Si vous supplie que vous priiez
« Dieu pour moi ; car jamais n'aurai plus de puis-
« sance de faire service au roi ne au royaume de
« France. »

Le 23 mai, la fatale prédiction s'accomplit.

« La ville était séparée de l'ennemi par la rivière d'Oise. Le pont de l'Oise n'avait pas été coupé ; mais il était protégé par un boulevard ou tête
de pont fortifié. Du boulevard partait une chaussée d'un quart de lieue de long, qui traversait la

prairie de l'Oise et aboutissait au village de Margni ou Marigni. Les quartiers ennemis étaient
largement espacés dans la prairie. Un détachement bourguignon, aux ordres de Baudot de
Noyelles, maréchal de l'armée, occupait Margni. A une demi-lieue de Margni, vers le sud,
un corps anglais, commandé par Montgommeri,
était posté à Venette, le lieu de naissance de
notre patriotique historien du xive siècle. A trois
quarts de lieue, au nord, dans le village de Clairoi, était logé, avec ses Picards, Jean de Luxembourg, seigneur de Beaurevoir. Enfin le duc de
Bourgogne s'était établi, avec une réserve, à Cou-
dun, sur l'Aronde, en arrière de Clairoi.

« Cette disposition parut favorable à un coup de
main. Jeanne résolut de couper les positions ennemies par le centre et d'enlever le quartier de
Margni. Flavi se chargea d'empêcher les Anglais
de secourir les Bourguignons. Les Anglais ne
pouvaient venir prendre en flanc et en queue la sortie qu'en s'emparant de la chaussée. Flavi garnit de
couleuvriniers, d'archers et d'arbalétriers, le boulevard qui commandait la chaussée, et prépara
sur la rivière des bateaux couverts pour aider,
en cas de besoin, à accélérer la rentrée des
troupes.

« Vers cinq heures du soir, Jeanne sortit de
Compiègne à la tête de cinq cents hommes d'élite,
partie à cheval, partie à pied, et se jeta sur
Margni. La garnison de Margni sortit à sa rencontre, fut culbutée et rejetée dans le village,
où Jeanne la suivit. Les Bourguignons se ral-
lièrent. Jean de Luxembourg et plusieurs barons

de Picardie et d'Artois venaient d'arriver à Margni pour conférer du siége avec Baudot de
Noyelles ; ils aidèrent à la défense et envoyèrent
quérir en toute hâte le gros de leurs gens à Clairoi. Le détachement de Margni ne tarda pas à recevoir assistance. Les Bourguignons grossis-
saient à chaque instant. Ils devinrent bientôt
très-supérieurs en nombre ; mais l'élan des assaillants était si grand, qu'ils repoussèrent encore,
dans une seconde et dans une troisième charge,
cette multitude toujours croissante.

« Cinq cents Anglais cependant arrivaient du
côté opposé, de Venette. Les compagnons de
Jeanne les aperçurent de loin sur leurs derrières.
Ils oublièrent que les Anglais ne pouvaient se
placer entre eux et la ville sans se faire cribler
par l'artillerie du boulevard. Ils se crurent cou-
pés. Les derniers rangs se débandèrent ; les
fuyards se précipitèrent vers la bannière du boulevard et masquèrent les Anglais, qui, alors à
l'abri du tir de la place, les chargèrent hardiment
et gagnèrent la chaussée.

« Les plus braves, les plus dévoués des compagnons de Jeanne, ceux qui ne l'avaient pas
quittée depuis son départ d'auprès du roi, un de
ses frères, son écuyer Jean d'Aulon et d'autres
combattaient toujours autour d'elle. Quand ils
virent ce qui se passait derrière eux : « Mettez
« peine de recouvrer la ville, lui crièrent-ils,
« ou vous et nous sommes perdus ! »

« Mais Jeanne était transportée de cette ex-
tase héroïque que lui inspirait le danger. « Tai-
« sez-vous ! cria-t-elle ; il ne tiendra qu'à vous

« qu'ils ne soient déconfits ! Ne pensez que de
« férir sur eux ! »

« Pour chose qu'elle dit, ses gens ne la
« vouldrent (voulurent) croire. » Ils prirent la
bride de son cheval et la firent retourner de force
vers la ville.

« Il était trop tard. Des flots de cavaliers
bourguignons et picards les suivaient, têtes sur
croupes ; devant eux, entre eux et la place,
d'autres Bourguignons, mêlés aux Anglais, pous-
saient l'épée dans les reins les premiers fugitifs
et assaillaient déjà la barrière. La barrière venait
d'être fermée et le pont-levis du boulevard levé
par ordre de Flavi. Le gouverneur de Compiègne
avait craint de voir le boulevard et le pont de
l'Oise envahis par l'ennemi. Restait la ressource
des bateaux garnis de gens de trait. La plupart
des fantassins de la troupe de Jeanne y avaient
déjà trouvé un refuge ; mais Jeanne, qui ne re-
culait que pas à pas, tout en combattant, et qui
ne se résignait à rentrer que la dernière, ne put
gagner le bord de l'Oise. Elle fut poussée avec
ses amis dans l'angle formé par le flanc du boulevard et par le talus de la chaussée.

« Tous les ennemis se ruèrent à la fois contre
elle.

« La bannière, bien autrement sacrée que
l'oriflamme, qui avait été le salut de la France,
la bannière d'Orléans, de Patai et de Reims,
s'agita en vain pour appeler à l'aide. La fidèle
armée de Jeanne n'était plus là ; le saint étendard tomba, renversé par des mains françaises.
Les derniers défenseurs de la Pucelle étaient

9.

morts, captifs ou séparés d'elle par la foule des assaillants. Jeanne luttait toujours. Cinq ou six cavaliers l'entourèrent et mirent la main tous à la fois sur elle et sur son cheval. Chacun d'eux lui criait : « Rendez-vous à moi! baillez la foi!— « J'ai juré, répondit-elle, et baillé ma foi à autre « que à vous; je lui en tiendrai mon serment. »

« Un archer la tira violemment « par sa huque « (casaque) de drap d'or vermeil. » Elle tomba de cheval.

« L'archer et *son maître*, le bâtard de Wandomme, homme d'armes artésien, au service de Jean de Luxembourg, s'emparèrent d'elle. Elle fut emmenée prisonnière à Margni.

« La prédiction de ses voix était acccomplie. La période de la lutte était achevée pour elle; la période du martyre commençait.... »

Mais il ne nous appartient pas de redire le martyre, les longues heures, ou plutôt les longs jours, les siècles du martyre; il dura toute une année, pour s'achever dans les flammes du bûcher de Rouen (30 mai 1430).

La Pucelle, prise par les Bourguignons, fut livrée aux Anglais.

La captivité de Jeanne ne pouvait satisfaire ni leur vengeance ni leur politique. S'imaginant que la fortune de la France était attachée non-seulement à la liberté, mais à la vie de la Pucelle, ils résolurent sa mort. Mais la mort de la Pucelle ne détruisait point son œuvre. Il fallait déshonorer cette œuvre. Ils accusèrent donc la candide et pieuse jeune fille de sorcellerie, de magie, d'hérésie, essayant de prouver que ses inspirations ne

venaient point de Dieu, mais de l'ange des té-
nèbres.

Les voix soutinrent et consolèrent Jeanne jusqu'à l'heure suprême, et les derniers mots de
l'héroïque enfant, sauveur de la France, furent
encore : « Jésus, Marie ! »

A son éternelle honte, Charles VII, retenu par
d'indignes favoris, ne tenta aucun effort pour
arracher à la mort celle qui lui avait rendu sa
couronne....

Le supplice de Jeanne rendit le joug étranger
plus détestable encore. Les Dauphinois pleuraient
l'ange qui si souvent les avait conduits à la victoire; les partisans des Anglais et du duc de
Bourgogne répétaient avec effroi : « Une sainte a
été brûlée, nous sommes tous perdus.... »

Bedford essaya de ranimer l'enthousiasme des
Parisiens en amenant le jeune Henri VI dans
leurs murs et en le faisant couronner à Notre-
Dame de Paris. Cette cérémonie ne produisit pas
l'effet auquel il s'était attendu. Il comprit alors
tout ce qu'aurait de précaire la possession de la
capitale, dès qu'une main habile ressaisirait la
direction de ce parti français que personne ne
conduisait plus, et il se retira en Normandie,
afin de conserver cette province, au moins, au fils
de Henri V.

Le roi, appelé par le vœu de tant de Français
qui gémissaient sous le joug de fer du régent,
restait cependant plongé toujours dans son indo-
lente apathie. Il semblait réservé à des femmes
de sauver malgré lui cet indigne monarque, ou
plutôt de sauver la France. Agnès Sorel, dame de

Beauté, lui inspira, dit-on, de prendre la direction de ses affaires et de travailler à la conquête de son royaume... Yolande d'Aragon, belle-mère du roi, fit plus encore; elle parvint à éloigner le favori la Trémoille, mauvais génie de Charles VII, et à réconcilier le monarque avec le connétable.

Avec Richemont et le brave Dunois, tous les malheurs pouvaient être réparés et devaient l'être bientôt.

Le duc de Bourgogne, si fatal à la France depuis tant d'années, se lassait de poursuivre un prince né du même sang que lui. Les mânes de son père n'étaient que trop vengées. Irrité, d'ailleurs, de l'arrogance de Bedford, et voyant que le régent, loin d'être utile à sa maison, ne faisait qu'en sacrifier les intérêts à l'ambition d'un prince étranger, il résolut de traiter avec Charles VII.

On ouvrit, en 1435, dans la ville d'Arras, des conférences pour la paix. Aucune réunion ne fut plus imposante, aucune ne traita de plus grands intérêts : il s'agissait de la destinée du plus beau royaume de l'univers. On y vit paraître des ambassadeurs de tous les princes, ainsi que les légats du pape Eugène IV et du concile de Bâle.

On offrit aux Anglais l'Aquitaine et la Normandie, à condition que Henri VI renoncerait à ses prétentions sur la France, et rendrait la liberté à Charles d'Orléans, prisonnier depuis la défaite d'Azincourt. Les envoyés anglais déclarèrent qu'ils n'avaient pas le pouvoir de dépouiller leur seigneur de l'une de ses deux couronnes.

Il faut dire que ni les Français ni les Anglais ne voulaient sincèrement la paix. Les Français

espéraient achever la délivrance du territoire, les
Anglais espéraient garder ce qu'ils tenaient encore, sinon recouvrer un jour ce qu'ils avaient
perdu de leurs conquêtes. Les Anglais désiraient,
au lieu de paix, une longue trêve, pendant laquelle
ils se fussent affermis dans leurs possessions et
préparés à une nouvelle guerre. Les Français
souhaitaient traiter avec le duc de Bourgogne, à
l'exclusion des Anglais, et continuer la guerre.

Les députés de Henri VI ayant quitté Arras,
les conférences y continuèrent avec Philippe le
Bon, qui fit enfin la paix, mais en souverain
plutôt qu'en vassal. Il exigea du roi le désaveu
solennel du meurtre de son père, et se fit céder
l'Auxerrois, les villes de la Somme, le Boulonnais,
le Ponthieu, etc.

Malgré ces concessions nombreuses, toute la
France applaudit au traité, et un grand nombre
de villes et de communes de la Picardie et de
l'Ile-de-France se « tournèrent françaises. » En
même temps, la plus grande partie de la Normandie s'insurgea et chassa les gouverneurs
anglais; toute la province se fût soumise au roi,
si les bandes d'aventuriers que leurs excès firent
surnommer *écorcheurs*, et qui faisaient la guerre
pour leur compte, au nom de Charles de France,
n'eussent porté de toutes parts le pillage et la
dévastation.

Paris complota enfin aussi contre l'Anglais et
ouvrit ses portes au connétable, qui entra dans
la capitale à ces acclamations mille fois répétées :
« La paix ! la paix ! Vivent le roi et le duc de
Bourgogne ! »

« Mes bons amis, disait Richemont aux bourgeois et aux menus, le bon roi Charles vous re-
mercie cent mille fois, et moi de par lui, de ce
que vous lui avez rendu si doucement la maîtresse
cité de son royaume ; et si aucun, de quelque
état qu'il soit, a mépris (méfait) contre monseigneur le roi, il lui est tout pardonné. »

Charles VII fit sa royale entrée à Paris le
12 novembre 1437.

La guerre continuait sur divers points ; le roi
remportait des avantages ; mais le peuple, ruiné,
pillé, rançonné, massacré par les Anglais et les
écorcheurs, fut réduit à un si misérable état en
1438, par suite d'une horrible famine et d'une
affreuse épidémie, que Charles VII renoua des
négociations avec l'Angleterre. Il lui offrit de
nouveau, comme fiefs, la Normandie et la
Guyenne. Henri VI voulait, sans hommage, toute
la France au nord de la Loire et la Guyenne. Il
n'y eut pas moyen de s'entendre.

Décidé alors à en finir avec les Anglais,
Charles VII résolut de pousser plus vivement la
guerre. Mais il fallait, pour assurer le succès,
rétablir l'ordre dans le royaume. Le roi convo-
qua les états à Orléans (1439).

Ces états de 1439 sont célèbres dans l'histoire
par l'établissement de la *taille fixe et permanente*
pour la solde des gens d'armes, afin « de faire
cesser les grands excès et pillages des gens de
guerre. » De là l'origine de l'armée française.

L'ordonnance d'Orléans, si propre à maintenir
le calme dans l'État, commença d'abord par le
troubler. Cette ordonnance défendait aux sei-

gueurs de lever des impôts arbitraires sur les
marchands et les voyageurs, d'armer des compagnies sans l'ordre du roi ; c'était au prince qu'é-
tait réservé le droit de nommer les capitaines et
de déterminer le nombre de leurs soldats. Les
chefs étaient responsables des actions de leurs
troupes ; ils devaient aller tenir garnison dans les
lieux qui leur étaient assignés. C'étaient autant
de coups portés à la puissance féodale. Aussi la
plupart des seigneurs criaient au despotisme,
parce qu'ils ne pouvaient plus être impunément
despotes ; à l'injustice, parce qu'ils devaient répondre des délits de leurs hommes d'armes.
Doué d'un génie dangereux et d'un cœur pervers,
le dauphin Louis, alors âgé de dix-sept ans, prit
parti pour la sédition, connue sous le nom de
Praguerie. Excité par la Trémoille et soutenu
par les ducs de Bourbon et d'Alençon, par les
comtes de Vendôme et de Dunois, il se mit bientôt en pleine révolte contre son père. Charles VII
n'en conçut aucune crainte, parce qu'il avait,
disait-il, avec lui son connétable. En six mois,
cette guerre civile fut éteinte par les conseils
comme par les armes de Richemont.

Deux ans après, la Praguerie releva de nouveau la tête ; mais cette seconde révolte fut
presque aussitôt comprimée.

Dès que la tranquillité fut rétablie dans les
provinces de l'obéissance du roi, les hostilités
recommencèrent avec les Anglais, qui perdirent
Creil, Pontoise, toutes les rives de la Somme,
et un grand nombre de places en Guyenne et en
Gascogne.

Après deux ans de revers, les Anglais implorèrent la paix ; mais les Français n'offrirent plus ni la Normandie ni l'Aquitaine, et ne consentirent qu'à une trêve de vingt-deux mois, du 1er juin 1444 au 1er avril 1446, pendant laquelle chacun devait garder ce qu'il tenait.

A la nouvelle de cette trêve, « une liesse immense, et qui se peut à peine dire, remplit les peuples des Gaules. » Il y avait près de trente ans que la France n'avait eu un seul jour de paix ! « Les peuples, si longtemps emprisonnés entre les murs des villes et des forteresses, dans un cercle de périls et de terreurs, se sentoient comme tirés du fond d'un cachot. On voyoit sortir en foule hommes et femmes des places fortes qui les avoient abrités contre l'interminable tempête, pour aller visiter, de province en province, des lieux de pèlerinage. Il n'y avoit pas jusqu'aux gens de guerre, François et Anglois, qui ne fissent de même. On se réjouissoit d'avoir échappé à ce long âge d'épouvantement ; ceux qui l'avoient vu commencer enfants, avoient maintenant la tête chenue. On se réjouissoit de voir les forêts et les champs, pour désolés et déserts qu'ils fussent, et les prés verts, et les fontaines et les rivières ; beaucoup qui n'avoient jamais dépassé l'enceinte des villes, voyoient tout cela pour la première fois.

« Chose vraiment merveilleuse et qu'on ne sauroit rapporter qu'à Dieu ! Avant la trêve, il y avoit entre les gens d'armes et les peuples, de l'une et de l'autre part, haine si cruelle, que nul, sans péril de sa vie, ne pouvoit aller par le pays même sans sauf-conduit. Sitôt la trêve publiée, chacun put aller et cheminer en toute sûreté, soit dans son pays, soit dans le pays adverse. Ceux mêmes qui, la veille, se plaisoient en l'impitoyable effusion du sang humain, pris par on ne sait quelle douceur de paix, menoient festins et danses en grande liesse avec leurs ennemis, naguère aussi cruels qu'eux. »

« Le peuple, dit M. Henri Martin, se donnait tout entier au bien présent; le gouvernement pensait à l'avenir. La trêve n'était pour lui qu'un moyen de préparer plus sûrement l'achèvement de la guerre.... »

De nouvelles trêves furent conclues ultérieurement jusqu'au 1er avril 1449.

A la faveur de la paix, les Français firent d'immenses préparatifs. A l'expiration des trêves, leur cavalerie, organisée définitivement en 1445, était la plus belle et la mieux disciplinée de l'Europe; leur artillerie, la plus puissante et la mieux dirigée qu'on eût encore vu. Ils joignirent à la cavalerie et à l'artillerie une infanterie légère, destinée à tenir tête aux archers anglais, les francs archers.

Les Anglais ayant surpris Fougères quelques jours avant l'expiration de la trêve, les Français envahirent à la fois la haute Normandie, la Normandie centrale, le Cotentin, le Perche et la Gascogne. Ils triomphèrent sur tous les points. Rouen leur ouvrit ses portes; Honfleur, qui voulut se défendre, ne tarda pas à succomber.... Nous nommerions cent victoires et plus, si nous rappelions tous les triomphes de l'armée française. La plus éclatante de ces victoires fut, sans

contredit, celle du connétable et du jeune comte
de Clermont, fils aîné du duc de Bourbon, à
Formigny. Les Anglais eurent trois mille sept
cent soixante-quatorze morts et douze cents prisonniers, disent les chroniques du temps, et ils
n'étaient pas plus de six mille avant l'action.
Elles ajoutent que jamais victoire ne fut plus
complète et ne coûta si peu de sang aux vain-
queurs (15 avril 1450).

Le dernier espoir des Anglais s'évanouit à Formigny. Chassés de toutes les places de la Normandie, ils évacuèrent Cherbourg (22 août).

L'évacuation de Cherbourg acheva la délivrance de la Normandie. Les Anglais l'avaient
possédée trente-cinq ans, et une campagne avait
suffi pour la leur enlever. « Jamais si grand pays
ne fut reconquis à si peu de perte de peuple et de
gens de guerre, ni à moins de destruction et de
dommage du pays.... » Il faut dire que les populations s'étaient soulevées en foule à l'approche
des Français : le joug de l'étranger était si pesant
à cette riche et belle province !

L'Angleterre éclata en transports de douleur et
de rage, sacrifia Suffolk à sa vengeance, Suffolk
dont le nom seul rappelait Orléans et la Pucelle !

Les conquêtes de Henri V étaient recouvrées
en entier ; il restait à la France à devenir con-
quérante à son tour et à dépouiller les Planta-
genets de leur vieil héritage d'Aquitaine. On en-
vahit cette province, et on marcha une fois
encore de victoire en victoire. La résistance
pourtant était plus vive ; depuis longtemps soumis aux insulaires, les Aquitains n'avaient pas

le cœur français comme les Normands. Bergerac, Jauzac, Sainte-Foix, la Roche, Chalais, etc., etc., furent emportés.

Au printemps de 1451, Dunois prit le commandement en chef de l'armée du Midi. Rien ne lui résista : Blaye tomba, et avec cette ville toute la Guyenne anglaise ; Bordeaux demanda un délai de quinze jours et capitula.... Bayonne, la dernière ville qui tînt pour les Anglais, ne tarda point à suivre cet exemple. Les chroniqueurs racontent qu'au moment où les Français se disposaient à entrer dans cette ville, le 19 août, vers le lever du soleil, « le ciel parut fort beau, serein et clair, et dedans une nue apparut une croix blanche, laquelle demeura, sans se mouvoir, l'espace de demi-heure, et fut vue tout ensemble du camp et de la ville. Ceux de la ville, avisant telle merveille, ôtèrent les bannières et pennons aux croix rouges qui étoient sur leurs tours et remparts, et les remplacèrent par les bannières de France, disant qu'ils voyoient bien qu'il plaisoit à Dieu qu'ils devinssent François et portassent tous la croix blanche. »

« Ainsi, par la grâce et bonté divines, furent réduits en l'obéissance du roi de France les duchés de Normandie et de Guyenne, et généralement tout le royaume, excepté la ville de Calais, qui demeura seule aux mains des Anglais, anciens ennemis de France. »

Mais, nous l'avons dit, le cœur des Gascons n'était point français. Charles VII voulut toucher à leurs priviléges ; ils complotèrent, rappelèrent les Anglais. Talbot, âgé de plus de quatre-vingts

ans, fit une descente en Aquitaine, soumit de
nouveau une partie du pays. Mais « ce renommé
chef anglois, qui depuis quarante ans passoit
pour un des fléaux les plus formidables de la
France, tomba à Castillon.... » L'espoir des Gascons et des Anglais s'évanouit.... Les Gascons
essayèrent de résister encore, mais en vain.

« Le coup fut si douloureusement ressenti par
l'Angleterre, qu'on put croire qu'elle en oublie-
rait ses discordes.... Le parlement vota des sub-
sides, non pour trois ans, comme c'était l'usage,
mais pour la vie du roi. Il vota une armée presque
aussi forte que celle d'Azincourt : vingt mille
archers.... On n'en leva pas un. » (MICHELET.)

« A partir de ce moment, malgré quelques
incidents militaires sans conséquence, et quoiqu'il n'y ait point de paix de longtemps encore,
on peut dire que la grande guerre des Anglais
est terminée. Avec la guerre ne s'éteint pas l'an-
tipathie des deux peuples, séparés non plus seulement par un bras de mer, mais par un fleuve
de sang sur lequel planent tant d'ombres venge-
resses, cette ombre auguste surtout qui, du bûcher de Rouen, semble appeler sur l'Angleterre
les foudres du ciel ! Les Gallo-Romains de France
et les Gallo-Teutons de l'île de Bretagne nourri-
ront mutuellement durant des siècles la pire des
haines, la haine des frères ennemis, acharnée
surtout chez l'insulaire conquérant et chassé de
sa conquête. » (Henri MARTIN.)

Calais seul donc restait à l'Angleterre; mais
pour Calais, l'Angleterre eût donné Londres
même.

VIII.

Plus de cent ans avaient passé....

S'étaient évanouis bien des revers et bien des gloires. Louis XI, Charles VIII, Louis XII, François Iᵉʳ avaient régné sur la France, et Calais appartenait encore à l'Angleterre. Calais semblait imprenable. Une tentative sur Calais paraissait aussi être chose impossible aux yeux des Anglais. Ils avaient gravé sur l'une des portes de la ville :

Il sera vraisemblable que Calais on assiége,
Quand le fer ou le plomb nagera comme liége.

Ils croyaient Calais si bien gardé par sa seule réputation, qu'ils y entretenaient une garnison peu nombreuse. Ils avaient l'habitude de retirer une partie des troupes durant l'hiver, saison où les marais qui protégent Calais ne sont pas guéables; l'entretien des remparts, qui avaient été reconstruits suivant les progrès de la science militaire, était fort négligé.

Henri II régnait sur la France; Philippe II, sur l'Espagne.

Henri II et Philippe II continuaient les luttes sanglantes qui avaient rempli le règne de François Iᵉʳ et de Charles-Quint.

Marie Tudor, reine d'Angleterre, avait, en épousant Philippe II, jeté un défi à la France. Saint-Quentin (27 août 1557) avait rappelé Crécy, Poitiers et Azincourt.... L'effroi glaçait tous les cœurs, quand François de Lorraine, duc de Guise, le plus grand capitaine de son temps, se présenta inopinément devant Calais, le 1ᵉʳ janvier 1558....

« Deux forteresses défendaient les abords de Calais, l'une vers la terre, l'autre vers la mer; la première, dite le fort de Nieullay (ou Newnam-Bridge), commandait la seule chaussée aboutissant à la ville à travers les marais qui environnent Calais de trois côtés; la seconde, le fort de Risbank, s'élevant à l'entrée des dunes, couvrait le quatrième côté de la place et dominait le port. L'avant-garde française enleva d'un coup de main le petit fort de Sainte-Agathe, espèce d'avant-poste de Nieullay. Une partie de l'armée s'arrêta devant le fort de Nieullay; le reste, filant à main gauche, le long des dunes, alla se loger devant le Risbank.

« Les approches furent poussées avec une telle célérité, que, dès le 3 janvier au point du jour, une double batterie foudroya les deux forteresses anglaises. Aux premières volées, les dé-

fenseurs de Nieullai évacuèrent leur poste et se
retirèrent dans Calais, sur l'ordre du gouverneur ; le Risbank, bien plus important (puisque
de sa possession dépendaient les communications
avec l'Angleterre), se rendit à d'Andelot une
heure après : quelques-uns des navires qui
étaient dans le port furent pris, les autres se
sauvèrent à force de voiles. Dès lors, la chute
de Calais fut assurée. Le corps de la place fut
attaqué immédiatement avec une vigueur extrême ; la ville et le château de Calais furent à la
fois battus en brèche pendant trois jours ; le
6 janvier au soir, les Français, le duc de Guise
en tête, traversèrent le port à la marée basse,
avec de l'eau jusqu'à la ceinture, marchèrent
droit au château et l'emportèrent d'assaut. Guise
y établit un corps d'élite. La nuit, à la faveur du
retour de la marée, qui interrompit les communications entre ce détachement et le gros de
l'armée, les Anglais essayèrent de reprendre le
château ; ils furent repoussés avec un grand car-
nage. Le gouverneur, lord Wentworth, reconnut
l'impossibilité de résister et se rendit, le 8 janvier, à de dures conditions. Les portes étaient à
peine livrées, qu'une escadre de secours parut
en vue de la place. Lord Wentworth demeura
prisonnier avec cinquante des principaux Anglais ;
le reste de la garnison et les habitants eurent la
liberté de se retirer en Angleterre et en Flandre,
abandonnant argent, meubles, artillerie, armes,
enseignes et munitions. L'argent, les meubles,
une grande partie des marchandises furent livrés
en récompense aux chefs et aux soldats victo-

rieux. Guise, si avide à la cour, fut magnifique à l'armée : il ne se réserva rien. Il ne resta pas un Anglais dans la ville, qui fut bientôt repeuplée de Français. Calais était demeuré deux cent dix ans au pouvoir des Anglais. Une semaine avait suffi au duc de Guise pour reconquérir cette ville, qui avait résisté jadis près d'un an à Édouard III.

« Les Anglais n'avaient plus un pouce de terre sur le continent. Ainsi disparurent les derniers stigmates de la domination insulaire, ainsi fut couronnée l'œuvre de Jeanne d'Arc. »

L'Angleterre voua une implacable haine à la souveraine qui avait laissé prendre Calais. Marie Tudor s'inclina bientôt vers la tombe. « Qu'on ouvre mon cœur, dit-elle en expirant ; qu'on ouvre mon cœur, on y trouvera Calais. »

FIN.

Rouen. — Imp. Mégard et Cie, Grand'Rue, 156.

www.ingramcontent.com/pod-product-compliance
Lightning Source LLC
Chambersburg PA
CBHW071937090426
42740CB00011B/1727